DIETRICH VON HILDEBRAND

ESCRITOS BREVES SOBRE LA EDUCACIÓN

Traducción:
José María Barrio Maestre

Edición y prólogo:
Sergio Sánchez-Migallón

EDICIONES UNIVERSIDAD DE NAVARRA, S.A.
PAMPLONA

Serie: Educación

Cupón para la Biblioteca Virtual

Accede a la versión eBook de este título por solo **1,99 €**. Con la compra de este libro puedes utilizar el siguiente cupón para la lectura en *streaming** desde la Biblioteca Virtual. **Sigue estas instrucciones** para visualizar tu libro:

1. Dirígete a la web de la Biblioteca Virtual en **https://ebooks.eunsa.es**.

2. En la web ve a **Iniciar sesión** e introduce tu email y contraseña. Si no estás registrado, deberás completar el proceso en **Registrarse**.

3. Tras registrarte, accede a la página del libro o lee el QR de esta página. Bajo el precio podrás **insertar el código oculto en el siguiente cupón** para activar la promoción.

Despegue para visualizar

Acceso directo al eBook

Canjéalo en ebooks.eunsa.es

*Con acceso a internet desde cualquier navegador.

© 2024. Hildebrand Project
Ediciones Universidad de Navarra, S.A. (EUNSA)
Campus Universitario • Universidad de Navarra • 31009 Pamplona • España
+34 948 25 68 50 • www.eunsa.es • eunsa@eunsa.es

ISBN 978-84-313-3927-2
DL NA 270-2024

Fotografía cubierta
religionenlibertad.com

Printed in Spain – Impreso en España
Imprime Podiprint

Índice

Prólogo del editor

En este volumen se recogen cuatro estudios de Dietrich von Hildebrand (1889-1977) sobre temas relacionados con la educación, cuyos datos de publicación original se detallan en nota al inicio de cada texto.

La educación ha suscitado siempre un gran interés, tanto teórico como práctico, desde los inicios de la cultura. De ella depende la transmisión, y por tanto la supervivencia, de cada civilización. Pero acaso en la actualidad ese interés sea, o debiera ser, máximo. Nuestra sociedad lleva tiempo viviendo simultáneamente cambios de muy diversa índole, sobre todo sociales y morales, a una velocidad tan sostenida y vertiginosa como la historia nunca había conocido antes. (Es difícil no rememorar aquellas consideraciones de nuestro García Morente sobre la prisa, en sus perspicaces *Ensayos sobre el progreso*.) Y este hecho supone sin duda un desafío para la educación, al menos tal como se había entendido hasta ahora. Esa celeridad, por un lado, a menudo atropella el tempo que toda asimilación educativa solía requerir; y, por otro, inevitablemente dirige la mirada casi sólo hacia el futuro, con lo que la "forma" hacia la que se quiere guiar (*educare*), o que se pretende extraer (*educere*), no se la quiere tomar del pasado, y cuando es forjada en cada presente apenas nace ya muerta. El resultado evidente es la abundancia de medios o métodos educativos para sobrevivir y manejarse en semejante fluidez y, en cambio, una más o menos consciente pobreza de fines auténticamente tales.

En dicho contexto, los cuatro temas aquí tratados poseen una relevancia crucial. El *respeto* como actitud fundamental para la educación posee una importancia tan difícil de exagerar como sorprendente olvidada e incluso denostada. El autor detalla además, con extraordinaria agudeza, diversos factores que impiden o que fomentan el respeto. En segundo lugar, el análisis de la esencia de la *autoridad* descubre las diversas clases de autoridad, diferenciando las auténticas de las inauténticas e iluminando la fuerza que cada una de ellas. A continuación, el más extenso texto sobre las formas de *influencia* desenmascara lúcidamente diversas formas ilegítimas de ésta. En el actual mundo comunicativo, donde abundan fenómenos de contagio de masas por imitación o por sugestión, y donde proliferan instrumentos de difusión de contenidos sin control claro y métodos o medios para convertirse en líderes o *influencers*, tal reflexión resulta imprescindible e impostergable. Por último, en el análisis de la posible *legalidad* propia de la pedagogía, Hildebrand nos brinda una reflexión muy profunda de esta reciente ciencia: su anclaje en la psicología, la necesidad de definir su fin y de insertar éste en la jerarquía de los valores, los tipos de leyes que la pedagogía puede descubrir o establecer, el necesario equilibrio entre generalidad e individualidad en la educación de la persona, etc. Precisamente cuando asistimos a un auge de estudios sobre el carácter y su educación, así como de una profesionalización de los métodos de asesoramiento o *mentoring*, estas consideraciones resultan muy oportunas.

Ciertamente, estos escritos de Hildebrand pueden considerarse menores o secundarios en el acervo de su filosofía, pero en ellos encontramos también elementos nucleares de su pensamiento. En particular, aquí se hallan descripciones muy claras de diversas tesis importantes de su filosofía: el carácter intencional de la conciencia humana, la diversa relación de la persona con los valores (captarlos, afirmarlos, responder o tomar postura ante ellos…), la precisa noción de respuesta adecuada, la trascendencia de la que es capaz y a la que está llamada la persona humana, la disposición a aprehender valores o la ceguera ante ellos, la legalidad y metodología propia de cada una de las diferentes regiones o esferas ontológicas, etc. De manera que estos textos se complementan muy bien con las obras mayores de este filósofo (sobre todo con su *Ética* y su *Moralidad y conocimiento ético de los valores*). En ellas se percibe muy bien el conocido perfil de este pensador, a saber, un fenomenólogo –inspirado o seguidor de Edmund Husserl, Adolf Reinach y Max Scheler– especialmente preocupado por la ética y la persona humana (no en vano forjó buena parte de su pensamiento mientras combatía la ideología nazi y asistía después a una progresiva y extendida decadencia moral, respectivamente en los años treinta y cincuenta del siglo XX).

Por último, pero no menos importante, hay que agradecer sin exageración posible la generosa y encomiable labor del *Hildebrand Project* (https://hildebrandproject.org), en la *Franciscan University of Steubenville* (OH, Estados Unidos): no sólo por conceder los permisos de edición de los textos del filósofo, sino por el incansable empeño por investigar y difundir su pensamiento.

Sergio Sánchez-Migallón

La importancia del respeto en la educación[*]

1. La importancia del respeto como actitud general

El respeto puede ser considerado como la madre de todas las virtudes (*mater omnium virtutum*), pues constituye la actitud fundamental que todas ellas presuponen[1].

El gesto más elemental del respeto consiste en la respuesta a lo existente como tal, a la en sí misma y pacífica majestad del ser en contraposición a toda mera ilusión o ficción; es la respuesta a su propia consistencia interior y a la realidad positiva, así como a su independencia respecto de nuestro arbitrio. En el respeto "confor-

---

[*] *Die Bedeutung der Ehrfurcht in der Erziehung*, en *Gesammelte Werke* VII, Kolhammer y Habbel, Stuttgart-Regensburg, 1974, pp. 365-374. Primeramente aparecido en inglés: "*The Role of Reverence in Education*", en *The New Tower of Babel*, Kenedy & Sons, New York, 1953, pp. 167-179; y traducido al alemán por Karla Mertens: "*Die Bedeutung der Ehrfurcht in der Erziehung*", en *Die Menschheit am Scheideweg*, Habbel, Regensburg, 1955, pp. 188-199.

[1]. Sobre el respeto como actitud fundamental puede verse también en Hildebrand: "Reverencia" (como también puede traducirse "*Ehrfurcht*"), en *Actitudes morales fundamentales*, Ed. Palabra, Madrid, 2003, pp. 15-28. (N. del ed.)

mamos" nuestro criterio al valor fundamental de lo existente; lo reconocemos, damos en cierto modo a lo existente la oportunidad de desplegarse, de que nos hable, de que fecunde nuestro espíritu. Por eso la actitud básica del respeto constituye ya de suyo algo indispensable para un entendimiento adecuado. Sólo al espíritu respetuoso se le abre la profundidad, la plenitud y sobre todo lo misterioso de lo real. El respeto es un elemento constitutivo del asombro (*thaumazein*) que, según Platón y Aristóteles, es un presupuesto ineludible del filosofar. En cambio, la falta de respeto es una fuente principal de errores filosóficos. Y si el respeto es un fundamento necesario para cualquier conocimiento auténtico y adecuado, es aún más indispensable para una captación y comprensión de los valores. Solamente al respetuoso, a quien se siente inclinado a reconocer la existencia de una realidad superior a él, a quien se abre a esa realidad, a quien está dispuesto a callar y a dejar que el objeto le hable: solamente a él se le abre el sublime mundo de los valores. Se entiende así por qué el respeto es la madre de todas las virtudes, pues toda virtud contiene en sí misma una respuesta sobreactual[2] al valor de una determinada esfera del ser y supone entonces una comprensión y captación de valores.

La respuesta apropiada a lo existente que se capta en su valor contiene a su vez un elemento de respeto. Esta nueva manifestación del respeto responde no sólo al valor de lo existente como tal, sino también al valor particular de un ente determinado y a su rango en la jerarquía de los valores. Esta nueva forma de respeto abre nuestros ojos al descubrimiento de valores cada vez nuevos.

Por eso el respeto es, de un lado, un presupuesto para entender y captar los valores; y, de otro, una parte central de la respuesta

---

2. Hildebrand llama "respuesta sobreactual" a toda respuesta duradera en un estrato profundo de la persona, es decir, al modo de los hábitos. Cf. *Ética*, Ed. Encuentro, Madrid, 2020, pp. 285-287. (N. del ed.)

adecuada[3] al valor. De ahí que represente una condición necesaria y a la vez un elemento esencial de todas las virtudes. Es como si sólo en el respeto el hombre se concienciara de su carácter esencialmente receptor como persona creada. Esto constituye la suprema grandeza del hombre: ser capaz de Dios (*capax Dei*). Podemos entender este hecho en un sentido más amplio y decir: el hombre tiene la capacidad de concebir algo que es más grande que él, de ser atraído y fecundado por ello, y de entregarse a ese bien por sí mismo mediante una pura respuesta al valor. Esa esencial trascendencia del hombre lo distingue de una planta o un animal, ambos tienden exclusivamente a desplegar su propia esencia. Sólo el hombre respetuoso ratifica conscientemente su verdadera condición humana y su situación metafísica. Asume la única actitud ante lo existente que actualiza su facultad receptiva y su capacidad acogedora por la que puede ser fecundado por una realidad superior a él.

El individuo que se acerca a lo existente sin respeto –sea con una actitud de superioridad insolente, sea tratándolo superficialmente y sin tacto– se hace ciego para una adecuada comprensión y captación de la profundidad y los misterios de lo existente, y especialmente para la percepción de los valores. Se comporta como quien se aproxima tanto a un árbol o a un edificio que ya no consigue verlos. En lugar del espacio espiritual que nos distancia del objeto merecedor de respeto, en lugar del respetuoso silencio de la propia persona que hace posible que lo existente diga su palabra, el irrespetuoso irrumpe de manera indiscreta e impertinente con una conversación incesante, sonora y pretenciosa.

---

3. Sobre la noción de "respuesta adecuada", central en el pensamiento de Hildebrand, puede consultarse su *La idea de la acción moral*, Ed. Encuentro, Madrid, 2020, pp. 61-62; y *Ética*, ed. cit., pp. 58-60 y 283-285. (N. del ed.)

El respeto juega un papel especial en el reino de la pureza[4]. La pureza supone esencialmente una actitud respetuosa ante el misterio del amor entre hombre y mujer, una conciencia de que la esfera de lo sexual nos llena de santo recato y de que uno debería aproximarse a ella sólo con la expresa sanción de Dios. La pureza es incompatible con una actitud general presuntuosa frente a lo existente; ya sostenga ésta un carácter frívolo y cínico, ya se convierta en una insinuación obtusa y pagada de sí misma ante los misterios del cosmos. La pureza exige estima a la persona amada, a su cuerpo, profundo respeto a la honda y misteriosa unidad de dos almas en una sola carne, al misterio del alumbramiento de una nueva persona.

En la educación de la pureza puede que no se valore suficientemente la importancia del respeto como actitud fundamental. Pero no podemos esperar que una persona joven asuma la actitud correcta en la esfera de lo sexual si desatendemos su educación en el respeto.

2. Los impedimentos específicos para el desarrollo del respeto

Antes de analizar con detalle los medios para el desarrollo del respeto, hemos de examinar brevemente los impedimentos concretos para tal educación; dificultades que en parte surgen de la pubertad y en parte provienen de la mentalidad de nuestra época. Los jóvenes entre los quince y dieciocho años –sobre todo los chicos– tienen el peligro de incurrir en una actitud que podríamos denominar histeria de la independencia y del aparentar más de lo que son. El joven demanda independencia; ante todo quiere impo-

---

4. El autor ha escrito más extensamente sobre esta virtud en *Pureza y Virginidad,* Desclée de Brouwer, Bilbao, 1954. (N. del ed.)

ner a otros con su superioridad y su independencia. No querría admitir que algo le conmueva, impresione o sorprenda. Se preocupa combativamente de jugar el papel de "hombre independiente", de quien todo lo adivina, está por encima de todo y hace ostentación de una seguridad imperturbable. Pero cuanto mayor es su pretensión de exhibir esa seguridad, más inseguro es en realidad. De hecho, depende completamente de otros incluso de una manera ilegítima. Imita indiscriminadamente a otros hombres que le suelen imponer por su llamada virilidad, independencia y seguridad, y que le hacen sentir precisamente su propia inseguridad. Confía en conseguir su independencia y superioridad imitándoles en todos sus detalles. Es el tipo que Dostoievski ha descrito tan magistralmente en *El idiota* y *Los hermanos Karamazov*. Esa mezcla de complejo de inferioridad, de sufrimiento por sentir que todavía no se ha crecido del todo y de deseo de actuar hacia fuera como si ya se fuera un adulto; esa combinación de orgullo e inseguridad, esa específica inmadurez que se impone con fanfarronería: todo ello constituye claramente la antítesis del respeto. Ese estado espiritual ve en toda inclinación respetuosa ante algo un menoscabo de virilidad y superioridad independientes. El joven dominado por dicho estado se empeña en mostrar una actitud irrespetuosa frente a todo lo que exige respeto, sumisión y estima. Propende, además, a hablar de modo irreverente sobre la santa Iglesia, las obligaciones morales, el matrimonio, etc. Este peligro general del joven, incluso después de la pubertad, constituye uno de los grandes obstáculos a los que se enfrenta la educación para el respeto.

El otro impedimento principal es la tendencia a la falta de respeto propia de la mentalidad de nuestra época moderna. El hombre ya no quiere reconocer su condición de criatura, ni quiere confesar su esencial estar vinculado (*religio*) con algo que esté por encima de él. Rechaza la sumisión a obligaciones que no se deriven de su libre consentimiento. Se resiste a considerar de forma respetuosa los grandes bienes como el matrimonio, los hijos o su propia vida. Respecto a ellos no quiere aceptar el papel de mero administrador, sino que por el contrario se arroga un poder soberano y arbitrario sobre ellos. Contrae matrimonio y después se divorcia como si se tratara de ponerse un guante en vez de otro. Ya no ve en los hijos un don de Dios, sino que desea establecer por sí mismo su número controlando los nacimientos. Considera justificado acortar su propia vida y la de otros, mediante la eutanasia, si piensa que ya no son felices. El hombre moderno ya no quiere reconocer la acción de la Providencia, sino decidirlo todo por sí mismo. Se orienta hacia un modo de vida donde ya no hay regalos ni sorpresas, sino que todo lo que le sucede proviene de un plan establecido por él mismo. Rechaza toda autoridad auténtica en la vida social y rehúsa afirmar cualquier autoridad que no se derive de su propia voluntad, que no sea creación suya.

En este intento moderno de rechazar la índole creatural del hombre, de negar nuestra condición metafísica, se manifiesta claramente la antítesis del respeto. Dicha mentalidad —que encuentra su expresión filosófica en el existencialismo de Sartre— penetra la vida moderna hasta sus entretelas más sutiles y el joven respira a cada momento el germen venenoso de la falta de respeto. El progresivo utilitarismo y pragmatismo de nuestra vida diaria, la desvalorización del espacio y el tiempo a causa de la técnica moderna y el sobredimensionamiento del vivir humano, destruyen la conciencia de una realidad autónoma que se nos impone y aumentan la insana sensación de una ilimitada soberanía del hombre.

A menudo la destrucción de la actitud respetuosa se provee de canales cuya peligrosidad el educador católico pasa por alto o cuya función destructiva del respeto ignora.

Tal educador se queja ciertamente de determinados males (divorcios, control de natalidad, eutanasia, frecuentes suicidios, creciente desvergüenza en la relación entre ambos sexos), pero quizá no reconozca la falta de respeto como una raíz de esos males o sólo lo haga en la medida en que amenace con despreciar a Dios y a los valores morales. No percibe claramente cómo muchas fuerzas de nuestra vida moderna alimentan una actitud irrespetuosa contra cosas que no están directa y expresamente conectadas con la religión y la moral.

Ahí tenemos, por ejemplo, la actitud del hombre moderno hacia el arte y la belleza en general; la continua tendencia a apreciar escasamente las formas exteriores, a tomar las cosas a la ligera, a dejarse llevar; y, en fin, nuestro lenguaje de hoy, las formas descuidadas de expresarse. El hombre moderno ya no se encuentra con la belleza de la naturaleza o del arte de manera respetuosa, como con un reflejo de un mundo más elevado y por encima de él. No se esfuerza por prepararse para la verdadera comprensión de una obra de arte; elude el *"sursum corda"* (¡arriba los corazones!) que nos reclama cada "ser conmovidos" y cada "ser regalados" por una gran obra de arte. Tal sujeto querría que la belleza se le ofreciera como un alimento que se pueda consumir mientras él se relaja corporal y espiritualmente poniéndose cómodo. Se mueve entre grandes obras de arte como si fueran una fuente de mero placer; no tiene reparo en transformarlas caprichosamente: convertir un cuarteto en una pieza de orquesta, o una novela en un guion cinematográfico, etc. Semejante actitud ante los valores estéticos aparenta ser algo a primera vista inofensivo desde el punto de vista moral o religioso, pero en realidad representa un espantoso síntoma de creciente falta de respeto. El hombre constituye una unidad; y si la falta de respeto descompone una esfera de la vida, toda la personalidad se contagia de ello. La falta de respeto (y la desidia que tan estrechamente la acompaña), el rechazo de todo esfuerzo espiritual para entrar verdaderamente en contacto con una gran obra de arte o para captar la sublime belleza de la naturaleza, la aversión al recogimiento espiritual indispensable para ello o a emerger desde lo periférico y de lo que apela a nuestra superficialidad: todo eso es la semilla venenosa que también se hará presente en nuestra vida moral y religiosa.

Esto mismo vale igualmente para la actitud moderna respecto de las formas exteriores en general. El saludo a nuestros prójimos con un apretón de manos o quitándose el sombrero constituye una profunda expresión de la exigencia interior de dirigirnos a otro como persona, en un acto comunicativo, antes de entrar en conversación con él sobre cualquier tema. Sustituir ese saludo por un "¡Hola!" –precisamente la resonancia de aquella actitud descuidada *"en passant"*–, o incluso abandonar todo saludo, constituye un síntoma típico de falta de respeto hacia nuestros semejantes, de conformidad presuntuosa y de abandono.

La camaradería en la relación entre los dos sexos como sustitutivo de la caballerosidad que supone una respuesta auténtica al misterio de lo femenino, así como la falta de cortesía considerándola erróneamente como comportamiento blando y superfluo, constituyen igualmente un signo de falta de respeto. No queremos pasar por alto la influencia destructiva que posee tal descuido de las formas exteriores, también de nuestra postura corporal y del ritmo vital de nuestro comportamiento corporal. No en vano la liturgia de la oración exige una postura corporal decorosa; no en balde san Benito atribuye una gran importancia a que el comportamiento exterior del monje respire respeto y aquel *"habitare secum"* (morar consigo mismo) que supone la antítesis de cualquier modo de negligencia y descuido. El comportamiento exterior no es solamente expresión de una actitud interior, sino que posee al mismo tiempo una influencia sobre la misma, o al menos facilita la formación de una actitud interior de respeto.

Las raíces de la disolución de las formas en nuestra vida moderna son dos factores: el utilitarismo, la actitud pragmática que considera como ornamento superfluo todo lo no absolutamente necesario para lograr un determinado objetivo; y el ídolo de la comodidad, la persecución desenfrenada del "camino fácil" que exige el mínimo esfuerzo físico y mental. No obstante, sería completamente desacertado hacer responsable del ídolo del confort a una falta de virilidad y de dominio de sí. Al contrario, nuestra época se distingue por los grandes récords deportivos y por conceder un valor especial a la educación física. Más bien, la responsable de esa comodidad es la actitud irrespetuosa y soberbia que teme cualquier fatiga, y especialmente cualquier esfuerzo espiritual que no haya sido libre y voluntariamente elegido por uno mismo sino que lo exija el valor del objeto. El rechazo del *"habitare secum"* y del atractivo del recogimiento, así como de la moderada reserva en nuestro comportamiento exterior, está en la base de esa decadencia de las formas. Por eso hay que tomar más en serio tales factores como algo más que una simple falta de disciplina. Un entrenamiento sólo hacia el exterior o una disciplina militar nunca podrán evitar ese mal. Por el contrario, resulta necesario despertar el sentido de las formas externas como expresión adecuada de la actitud interior de respeto, modestia y *discretio*, formas que a la vez nos ayudan a permanecer en esa disposición interior.

Pero sobre todo, nuestra propia forma de expresarnos, la manera en que hablamos de cosas grandes y sublimes, constituye una puerta de entrada para la descomposición de nuestra actitud de respeto. Y en esto muchas veces el culpable es el propio educador religioso. En el desafortunado aunque bienintencionado intento de hacer la esfera religiosa más cercana a los hombres, de acercársela a ellos, se transmite el sublime mundo de lo sobrenatural con una forma de hablar trivial y manoseada que socava la *discretio* y el respeto. Se conversa directamente en jerga sobre cosas santas en lugar de seguir el ejemplo de la liturgia, que se acerca a lo divino con palabras llenas de veneración respetuosa y elevada, que nos eleva sobre nuestra propia estrechez, nos introduce en la luz de Cristo (*lumen Christi*) y nos convoca a un "*sursum corda*"[5].

¡No nos engañemos! Puede que en nuestra educación acentuemos mucho la necesidad del respeto a Dios y a la entera esfera sobrenatural y religiosa, pero si eso se hace con expresiones que contagian falta de respeto y que conducen a una presuntuosa confianza con Dios, diluimos la sustancia de lo divino que deseamos edificar en el alma del joven. De esta forma, desbaratamos nuestro propio empeño.

3. Los medios para el desarrollo del respeto

A la vista de las dificultades mencionadas, sólo podemos esperar que el respeto se inspire y conserve en los jóvenes si los rodeamos de una atmósfera llena de respeto hacia todas las cosas que lo merecen. Tenemos que abstenernos de todo uso del idioma y de toda expresión que suene a irreverente, abstenernos de todo compromiso con las múltiples formas modernas que manifiesten de la falta de respeto, y mostrar a los jóvenes un estilo de vida profundamente impregnado de actitud de respeto.

Además, deberíamos guardarnos cuidadosamente de cualquier compromiso con la antes descrita obsesión por la independencia y el afán de aparentar. El educador no debe servirse de una jerga descuidada con objeto de hacerse comprender mejor por la gente joven. Al contrario, debería esforzarse en todo momento por hacer desaparecer esa especie de encogimiento y ese estar cautivo de respetos humanos que le llevan a hacer el ridículo al querer ser visto

---

5. Hildebrand ha abundado en la formación a través de la liturgia en su libro *Liturgia y personalidad*, Ed. Fax, Madrid, 1966; editado parcialmente en *Centre de Pastoral Litúrgica*, Barcelona, 2013. (N. del ed.)

como *"mamaíta"* ante el niño mimado, con toda esa pseudomasculinidad y apocamiento.

El ideal de imponer a otros mediante la independencia y la superioridad siempre debería hacer ver que, en realidad, nos encontramos necesariamente con una completa dependencia de la opinión de otros como fruto de los respetos humanos y de un absurdo encerramiento en la propia persona. Igualmente deberíamos presentar a los jóvenes una y otra vez la grandeza de la humildad, del arrepentimiento, de la obediencia y de la auténtica libertad que solamente poseen los humildes y respetuosos. Deberíamos ser conscientes del peligro de fortalecer en los jóvenes el ídolo de su masculinidad al insistir exageradamente en el autodominio por sí mismo y al apelar a su honor como motivo de comportamiento moral. El temor a mostrar cualquier tipo de emoción honda –aquella actitud que muestra el llanto, con independencia de su causa y modo, como algo de lo que hay que avergonzarse– debería no sólo no ser nunca apoyado sino más bien combatido. Indudablemente, ese ídolo de masculinidad a veces será fortalecido y utilizado como medio para obtener ciertos resultados. Con ello puede conseguirse efectivamente el objetivo inmediato, pero esa motivación a la que servimos para evitar riesgos mayores se manifestará a la larga como algo funesto.

También queremos desarrollar pormenorizadamente esta tarea general en el ejemplo de la pureza. La importancia fundamental del respeto en esta materia ya ha sido mencionada anteriormente. Quisiera añadir que la mayor parte de los pecados cometidos hoy en materia del sexto mandamiento no hay que achacarlos a la desbordante vitalidad y a los indomables instintos, sino a una falta de respeto. Por eso, una de las tareas más importantes de la educación en la pureza es volver a despertar una actitud respetuosa ante el misterio que rodea la esfera sexual. A esto pertenece primeramente el modo en el que el niño toma conocimiento de esa esfera. Toda explicación "neutral", que exponga esta materia desde puntos de vista predominantemente biológico-científicos, es incapaz de producir tal actitud de respeto; más bien al contrario, destruye el sentido del misterio encerrado en ese campo. Semejante interpretación no conseguirá acallar la especial fuerza de atracción de esa esfera ni poner el punto de vista neutral (que por ejemplo se utiliza temáticamente en medicina) en lugar de su peligroso encanto; además, tal punto de vista tampoco sería deseable desde el punto de vista moral y religioso. Se trataría de un intento de superar el riesgo moral de la impureza desde abajo en lugar de desde arriba: una actitud en todo caso equivocada. El enfoque exclusivamente biológico y neutral en este campo no combate los riesgos que aquí emergen, pues sacrifica la visión verdadera y auténtica y fomenta una actitud no deseable; además, es incluso un medio ineficaz para guardar la pureza.

Por el contrario, al niño se le debería enseñar esa esfera, según su capacidad moral, cuando haya alcanzado la edad correspondiente y resulte imprescindible explicarle ciertas cosas. Se le debe exponer como la expresión misteriosa del amor supremo entre hombre y mujer, y como la suprema unión a cuya hondura y belleza sólo está permitido acercarse con una especial sanción de Dios. Se le deberá presentar a la luz del matrimonio y su carácter sacramental en su analogía con la unión de Cristo y su Iglesia.

La necesidad de mantener dicha esfera a una distancia respetuosa deberá destacarse y presentarse sobre el trasfondo de la belleza de su sentido dado por Dios y de su íntima unidad entre amor y enamoramiento. Solamente la estima respetuosa ante la grandeza y profundidad del misterio que este dominio entraña en el lugar asignado por Dios, la comprensión de su valor positivo, es capaz de descubrir el misterio de maldad ("*mysterium iniquitatis*") que todo abuso en ese campo comporta de suyo.

No deberíamos comenzar con una mera insistencia sobre el pecado que cada acto ilegítimo en este ámbito contiene en sí. No deberíamos hablar sobre ello con los jóvenes utilizando expresiones que convierten toda esta esfera en el reino del diablo. Una actitud de ese estilo jamás puede constituir el fundamento de la auténtica y verdadera virtud de la pureza. ¿Cómo podría algo tan intrínsecamente negativo elevarse a la dignidad de un sacramento? Al contrario, sólo en la medida en que la grandeza misteriosa de esta esfera se ilumine como autodonación suprema y recíproca, y como unión de dos personas en una sola carne, podrá aparecer claramente lo terrible de todo aislamiento de esta esfera y la pecaminosidad de toda aproximación a ella sin la expresa sanción de Dios.

En esta materia, nuestra meta debe ser no arrebatar el carácter misterioso ni pretender inmunizar su peligrosidad tentadora mediante reflexiones científicas, sino imprimir un santo temor y respeto hacia ella en el alma de los jóvenes; hacerles considerar este ámbito como un huerto cerrado (“*hortus conclusus*”) hasta que, al llegar al matrimonio, Dios les llame a entrar en ese misterioso terreno.

La esencia de la autoridad auténtica[*]

Al proponerse cualquier objetivo hay que considerar determinadas exigencias y compromisos. Cuando alguien quiere construir una máquina no puede comportarse de cualquier manera, sino que ese objetivo le obliga a tener en cuenta ciertas pautas según la naturaleza del mismo. Al elegir libre e independientemente el objetivo, se establecen ciertos compromisos y se plantean determinadas exigencias respecto de las cuales no cabe cualquier comportamiento. Esto ocurre siempre y en todos los ámbitos de la realidad. Si alguien se propone crear una obra de arte, conocer científicamente algo, hacer un viaje o cuidar su salud, siempre tropezará con ciertas exigencias y compromisos −en la medida en que haya establecido claramente sus objetivos− frente a los cuales su arbitrio tiene un límite. Podemos decir que esos compromisos y exigencias son "hipotéticos", pues sólo se plantean en la medida en que yo fijo el objetivo. Desde el momento en que renuncio a este, las mencionadas exigencias cesan para mí. Son exigencias

---

[*] *Das Wesen der echten Autorität*, en *Gesammelte Werke* VIII, Kolhammer y Habbel, Stuttgart-Regensburg, 1973, pp. 209-219. Primeramente aparecido en *Die Menschheit am Scheideweg*, ed. cit., pp. 341-354.

condicionadas porque la fijación de objetivos depende de mi albe-
drío y solamente se dan bajo el presupuesto de fijar tales fines. En
cambio, cuando prometo algo a alguien surge además un vínculo,
a saber: cumplir lo prometido. Este vínculo tiene un carácter completamente distinto al de los compromisos y exigencias "hipotéticos". Ciertamente procede voluntariamente de mí y nunca podría
surgir sin mi libre decisión; pero, una vez que se ha producido,
la exigencia resultante ya no depende de mi arbitrio ni siquiera
indirectamente. Ya no puedo expulsar del mundo esa exigencia
renunciando al objetivo que he elegido. Ella no posee el carácter
hipotético de los compromisos mencionados antes: "Si quieres al-
canzar esto o lo otro, debes hacer esto o lo otro"; más bien habría
que decir de ella: "Puesto que te has comprometido tú mismo mediante una promesa, ahora debes cumplir lo prometido". El compromiso que aquí está en juego ciertamente ha surgido por propia
voluntad, pero no es hipotético.

Pero también hay una tercera clase de compromisos y exigencias que no son ni "hipotéticos" ni "autoproducidos". Se presentan
siempre que la persona se halla ante algo valioso y, sobre todo,
ante un valor moralmente relevante[6]. Lo valioso reclama interés y
entrega por nuestra parte no como consecuencia de un fin elegido
libremente, sino en sí e incondicionalmente. Lo valioso no nos
dice: "Si quieres conseguir tal o cual objetivo, debes tomarme en
consideración"; sino que exige sin más mi entrega. Por ejemplo, si
alguien ve a una persona en peligro de muerte, el socorrerla obliga
incondicionalmente y no debido a un objetivo libremente elegido.
El reino de los valores importantes en sí nos plantea exigencias *absolutas o categóricas*, y no hipotéticas. De la importancia intrínseca

---

6. Sobre lo que Hildebrand llama "valores moralmente relevantes", cf. *Ética*, ed. cit., pp. 326-330. (N. del ed.)

de los valores[7] se deriva que nuestro interés por ellos no depende de ninguna finalidad puesta por nosotros; más bien, ellos nos prescriben poner determinados objetivos. El ponerse como objetivo una vida moralmente buena no es algo elegido arbitrariamente por mí. Esas exigencias no son meramente hipotéticas ni tampoco en modo alguno autocreadas. Ellas se nos presentan exigiéndonos no porque nosotros las hayamos establecido mediante un acto libre, sino porque son valores, porque son importantes en sí debido a su contenido, porque son lo que son. Sin demandar previamente nuestro consentimiento, lo bueno se nos presenta exigiéndonos, pasando por encima de nosotros con soberana majestad; y el compromiso absoluto que nos vincula a lo bueno no procede de ningún acto libre, sino que surge de su naturaleza como valioso.

¿A qué género corresponde, entonces, el vínculo que surge respecto a la autoridad auténtica? ¿De qué tipo son las exigencias que esta nos presenta? Esta es la primera cuestión que hemos de plantearnos si queremos aclarar a grandes rasgos la esencia de la autoridad auténtica y de sus presupuestos metafísicos. Sobre todo tengo presentes las pseudoautoridades y las formas ilegítimas de dependencia (como la dependencia del sugestionable, la del que se deja imponer, la de quien es fascinado y la de quienes se dejan intimidar como esclavos)[8]. No obstante, dentro de la autoridad auténtica debemos distinguir claramente dos formas fundamentales: la autoridad teórica y la práctica. Si una persona o instancia se nos presenta como incomparablemente superior en su conocimiento, de manera que estemos convencidos de la verdad de sus afirmacio-

---

7. El concepto de "importancia" (y particularmente de "importancia en sí o intrínseca") tiene en Hildebrand un sentido más denso del ordinario, equivalente a "relevante" o "no indiferente", cf. su *Ética*, ed. cit., pp. 43-57. (N. del ed.)

8. Cf., para esto, mi escrito *Formas legítimas e ilegítimas de influencia*, [que en este volumen aparecen a continuación de este trabajo (N. del ed.)].

nes sólo porque ella misma lo dice, se trata de una autoridad *teórica*. En cambio, si un estado de cosas se convierte para nosotros en algo que debe ser únicamente porque una persona o instancia lo manda, ésta se nos presenta como una autoridad *práctica*. La toma de postura que constituye nuestra respuesta típica a la autoridad teórica es la fe; la correlativa a la autoridad práctica es la obediencia. Ambas formas de autoridad pueden estar unidas en una persona o instancia (como en el caso de los padres en su papel respecto del hijo), pero también pueden aparecer separadas. La autoridad del Estado, por ejemplo, es de carácter meramente práctico; la del oráculo en la antigüedad era de índole puramente teórica. No podemos profundizar ahora en las dos. Nos limitaremos a describir la esencia de la autoridad práctica y de sus presupuestos metafísicos en rasgos muy generales, a partir de los cuales ciertamente se podrán ver sin más las analogías respecto de la autoridad teórica.

La autoridad práctica, como la que existe en el padre para el hijo, se caracteriza por que lo mandado por el padre se convierte para el hijo en algo importante en sí, valioso y obligatorio sólo por el hecho de que aquel lo quiere y lo ordena. Esto no puede interpretarse como si el ser mandado sin más fuera un criterio seguro de la bondad intrínseca de lo mandado y la voluntad del hijo fuera motivada por el contenido bueno. También esto desempeña un papel decisivo en la autoridad paterna, pero entonces el padre actuaría no como una autoridad práctica sino teórica. La peculiaridad de la autoridad práctica consiste en que un contenido en sí indiferente y neutral recibe un valor, y se convierte en obligatorio, por el hecho de que esa autoridad lo quiere y manda. La autoridad práctica no puede reducirse a la teórica; y menos aún puede confundirse con el caso en que me dirijo a otro porque considero su juicio relativamente competente. Sin embargo, hay también situaciones en las que queremos un estado de cosas no por alguna importancia que posea en sí por su contenido, sino únicamente porque otra persona lo quiere sin que tenga nada que ver ninguna autoridad práctica. Esto sucede, por ejemplo, cuando alguien llevado por el afecto hace algo que en sí es irrelevante pero que recibe una importancia para nosotros porque lo quiere la persona que amamos. En cambio, en la autoridad práctica se da la conciencia de que mediante el mandato de otro el contenido se convierte en algo que objetivamente *debe ser* y de que es *obligatorio para nosotros*. La importancia de lo querido no se deriva de que a la autoridad le interese mucho, lo desee o se le haga prácticamente un favor; sino de que su acto de mandar saca formalmente de la indiferencia ese contenido y lo convierte formalmente en algo que objetivamente debe ser y que es obligatorio para mí. Así, la autoridad práctica se manifiesta con la pretensión de poder mandarme algo y de, mediante su mandato, poder hacer obligatorio para mí un contenido.

Ahora bien, ¿qué tipo de vínculo surge, del ser mandado de la autoridad práctica? ¿Qué clase de exigencias nos plantea lo mandado por la autoridad práctica? ¿De qué forma se nos presentan tales exigencias según la pretensión de esa autoridad; de modo que aun antes de decidir queramos plantearnos si esa autoridad práctica puede existir legítimamente, o si sus pretensiones están objetivamente fundadas? Aquí se excluyen los vínculos hipotéticos. Una instancia a la que yo tuviera que obedecer solamente mientras persigo una determinada meta, y cuya competencia se extingue para mí al desistir de ese fin, no es autoridad real alguna.

Así, por ejemplo, las directrices del jefe de su empresa para quienes trabajan allí según su estatus profesional son algo hipotéticamente exigido. Pero dicha autoridad es también puramente técnica y totalmente distinta de una autoridad auténtica. Entonces, ¿los vínculos ante la autoridad son, si no hipotéticos, quizá autocreados? ¿Acaso no estoy admitiendo la competencia para mandarme algo a mí mismo como un acto singular de subordinación análogo a la promesa a una persona o instancia? ¿No creo

yo primero, de esa manera, el vínculo que se origina a partir de
los mandatos de la autoridad? Si alguien adquiere la nacionalidad,
¿no está creando entonces un acto voluntario de subordinación
por el que está otorgando al Estado la posibilidad de que le dé órdenes vinculantes? ¿No surge la fuerza vinculante de los mandatos
y órdenes de la autoridad a partir de la peculiar autovinculación de
un acto de subordinación voluntaria semejante al compromiso que
brota del prometer? Esta interpretación es manifiestamente falsa
cuando se trata de la autoridad paterna. Esta se presenta precisamente con la pretensión de tener derecho a poder mandar al hijo
sin ningún reconocimiento ni subordinación voluntaria expresa
de este. Y en la conciencia del hijo, que ve desde la más temprana
edad ve a los padres como seres incomparablemente superiores,
de quienes depende incondicionalmente y respecto a los que la
primera conciencia de lo moralmente exigido no se funda en un
estado de cosas valioso sino que se constituye con lo mandado y
prohibido por los padres; en esa conciencia, digo, el mandato de
los padres es vinculante: no porque el hijo se comprometa a subordinarse a ellos mediante una promesa voluntaria, sino porque los
padres poseen para su conciencia una incomparable superioridad.
Si la vinculación que se constituye por el mandato de la autoridad
práctica fuera autocreada, dicha autoridad sólo podría mandarme
legítimamente lo que yo le hubiera concedido de modo expreso
para mandarme o aquello a lo que me hubiera comprometido,
como quien dice, por una especie de contrato; pues no hay ningún
acto de subordinación o concesión que produzca válidamente una
ilimitada dependencia de otra persona. Un vínculo objetivamente válido sólo puedo establecerlo yo mismo en la medida en que
haya fijado expresamente un tipo de promesa respecto a determinadas cosas, pero no existe ningún acto con el que pueda conferir
válidamente a otro la capacidad de imponerme obligaciones que
me superan, es decir, tampoco aquellas que se hallan más allá del

ámbito de competencia que yo le he reconocido de modo expreso. Lo característico de la autoridad práctica es, sin embargo, precisamente su pretensión de poder mandarme algo antes de que yo haya realizado cualquier acto de subordinación semejante con independencia de si lo he reconocido. También el Estado hace típicamente esto, a diferencia de la autoridad técnica de una asociación a cuyos estatutos yo me comprometo.

El tipo de exigencia de la autoridad es más bien de carácter absoluto, como la de los valores; y las obligaciones que para nosotros surgen por medio de sus mandatos son típicamente distintas de las autocreadas. Este es también el caso de mi relación con la autoridad a través de un acto social expreso, esto es, como en el mencionado ejemplo de la nacionalidad. Pues aquí no otorgo al Estado su competencia sobre mí comprometiéndome a obedecerle en esto o aquello, sino que me muevo libremente –como quien dice– en un lugar que corresponde al ámbito de competencias del Estado; y la fuente y raíz de su capacidad para imponerme mandatos vinculantes, así como mi obligación de obedecerle, no son obra de un acto de subordinación por mi parte. Tanto más ocurre esto al ingresar en una orden religiosa. Aquí se presenta claramente la enorme magnitud de pretensión de la autoridad auténtica: una persona o instancia alza su pretensión de proponerme legítimamente exigencias absolutas, de hacer valioso un contenido neutral y convertirlo en obligatorio para mí, simplemente mandándolo y exigiéndolo. Ahora bien, ¿puede estar justificada tal pretensión? Y si lo está, ¿qué debe distinguir a la persona, qué debe poseer esta para otorgarle semejante posición? ¿Es compatible la obediencia a esa autoridad con la libertad moral[9]? Pero antes de entrar en esas decisivas cuestiones, debemos aludir brevemente a dos formas fundamentales de autoridad

---

9. Sobre la obediencia como fuente de moralidad puede verse en Hildebrand, *Moralia*, Ed. Palabra, Madrid, 2020, pp. 167-171. (N. del ed.)

práctica. En efecto, el caso es muy diferente si por el mandato de
la autoridad un contenido –sin tener en cuenta su posible importancia propia– se presenta a la persona como valioso y obligatorio
sólo porque la autoridad lo manda, o si se me presenta simplemente
como obligatorio sin relación con valor alguno. Cuando el Estado prohíbe algo, se origina para los ciudadanos una obligación de
omitirlo sin que necesariamente lo prohibido incluya por ello algún
disvalor. Por supuesto que la desobediencia es disvaliosa; pero aquí
no se trata de esto, sino del carácter de lo "prohibido". En cambio,
la prohibición de los padres confiere al contenido prohibido también el carácter de disvalioso. Lo prohibido se presenta al hijo no
sólo como formalmente no-debiendo-ser sino además como disvalioso, puesto que ha sido prohibido por la autoridad moral de
los padres. Igualmente, lo mandado por la Iglesia (por ejemplo, el
ayuno) no sólo posee el carácter de una obligación formal; está ante
nosotros no sólo como obligatorio sino a la vez como bueno y santo
para nosotros. Por consiguiente, también el tipo de obediencia es
profundamente distinto. Podemos caracterizar la segunda clase de
autoridad como autoridad de mandamientos y la primera como
autoridad de mandatos; o la una como meramente formal y la otra
como formal y material; o incluso una como directa y otra como
indirecta. La denominación es irrelevante, pero la distinción objetiva entre ambas es de gran importancia.

Vayamos a nuestra cuestión: "¿Puede estar justificada una pretensión tal como la que exige la autoridad práctica?", examinán-
dola primeramente desde la autoridad de mandamientos o directa,
es decir, desde el tipo de autoridad más total y completa, donde
la pretensión parece aún mayor. Ciertamente, la respuesta a esta
pregunta también será decisiva para la autoridad meramente de
mandatos o indirecta.

¿Cómo debe ser la persona o instancia para que su pretensión
de ser obedecida esté justificada; para que, sin que le hayamos

concedido nada ni nos hayamos comprometido personalmente a nada, produzca en nosotros obligaciones absolutas por su mandato e imprima a un contenido el sello de lo valioso sólo porque lo manda? ¿Son valores especiales los que justifican tal subordinación a ella? Aquí debemos detenernos a reflexionar sobre algo fundamental: a cada realidad valiosa le corresponde una respuesta por parte de la persona; y no cualquiera, sino una respuesta adecuada[10] en intensidad y profundidad a la respectiva altura del valor. En cada respuesta al valor (como amor, entusiasmo, estimación…) subyace una cierta subordinación, ya en la entrega al valor o la aceptación de la *ratio* del valor, que es propia de ella. Además, ciertas respuestas al valor poseen en sí –aparte de ese aspecto de subordinación general– un expreso "alzar la vista": respuestas como la admiración, la veneración y lo peculiar de la autoridad recordada; pero, sobre todo y desde la verdadera subordinación bajo una autoridad, distintos "seguimientos" del discípulo al maestro. Todos esos grados de subordinación como respuestas al valor hacia personas según el nivel de su valor total no sólo son adecuados, sino también exigidos. Al hombre de buena voluntad le debemos estima; a una personalidad noble y de alto nivel moral, veneración; a un santo, una veneración especial y, en determinadas circunstancias, un seguimiento. Pero en la obediencia se da un salto cualitativo respecto a todas esas respuestas al valor, tanto en la actitud obediente sobreactual[11] –o sea, en la subordinación obediente general– como en cada acto concreto de obediencia. El que yo quiera algo porque mediante el ser-querido u ordenado de otra persona se haya convertido en valioso y obligatorio para

10. Véase la nota 3, en el escrito anterior, sobre el significado de la "respuesta adecuada" en Hildebrand. (N. del ed.)
11. Véase la nota 2, en el escrito anterior, sobre el significado de lo "sobreactual" en Hildebrand. (N. del ed.)

mí el realizarlo, constituye una subordinación que no se justifica como respuesta a ningún elevado nivel virtuoso de una persona. El que de este modo yo dirija en general mi libertad hacia una persona no puede basarse en la santidad de una persona. Tal subordinación sólo es adecuada y exigida respecto al Ser absoluto, a la Persona absoluta, Dios: sólo respecto a la Persona que no simplemente posee valores –como las criaturas– sino que es la síntesis de todos los valores; sólo respecto a la Persona absoluta que es esencialmente buena y cuya voluntad es por eso también esencialmente buena, y no respecto a las personas finitas cuya voluntad puede ser buena pero no necesariamente ha de serlo. Esa respuesta es adecuada sólo respecto a la Persona que –aunque es el arquetipo de toda personalidad y sujeto en sentido absoluto (*kath' éxojèn*)– no está frente al mundo de los valores como sujeto que tiende a ellos sino por encima de la antítesis sujeto-objeto, la Persona que es la síntesis de todos los valores y en cuya esencia se funda el orden universal moral. Muy lejos de caer en el craso error nominalista de Guillermo de Ockham –para quien los "valores" sólo son un sedimento de la voluntad de Dios y "bueno o malo" no significa otra cosa que "lo mandado o prohibido por Dios"–, todo lo mandado por Dios no sólo es bueno porque Dios como síntesis de toda bondad no pueda querer nada en sí malo y como síntesis de toda sabiduría no pueda equivocarse, sino también porque la esencialmente buena y santa voluntad de Dios imprime sin más el sello de lo bueno y valioso a todo lo querido y mandado por Él. Precisamente porque moralmente bueno y malo (como todos los valores auténticos) son *fenómenos originarios* cuyo contenido no puede en modo alguno disolverse mediante una reducción a otra cosa, y porque Dios es la síntesis de toda bondad –lo que en la disolución nominalista de lo bueno ya no tiene ningún sentido–, todo lo "querido o prohibido por Dios" contiene también (aparte del valor que aquello pueda poseer en sí mismo) un valor como sedimento de la voluntad infinitamente buena y santa de Dios. Aquí la obediencia no es sólo lo adecuado, sino incluso lo absolutamente exigible. Aquí, la única respuesta racional y categóricamente exigida a lo mandado por Dios es tanto la subordinación obediente general como cada acto concreto de obediencia. Pero, además, hay un segundo aspecto: Dios es el Señor absoluto a quien pertenecemos totalmente como criaturas suyas. También aquí, en este ser-Señor, se trata de algo último e irreductible, de un fenómeno originario. Esto es algo propio –en la medida en que en una absoluta simplicidad pueda hablarse de diversas propiedades– no reducible al Ser la síntesis de todos los valores, pero algo siempre esencialmente vinculado con ello. La omnipotencia y la infinita bondad están esencialmente unidas[12]. Por más que poder y poseer-valores puedan estar separados en el ámbito de lo finito, en lo absoluto están en último término necesariamente unidos. Ya en cada auténtico valor reside un misterioso poder metafísico que incluso el soberbio y ciego para los valores presiente y que, en su impotente resentimiento, intenta arrebatárselo. El Ser absoluto, el fundamento originario de todo ser, no puede ser otra cosa que la síntesis de todos los valores; y la Persona que encarna todos los valores no puede ser otra cosa que omnipotente y Señor absoluto. Pero esto es una relación esencial entre valor y ser, no una reducción del valor al ser. Un usurpador o déspota omnipotente es en sí mismo algo imposible.

Por esta razón, este "Ser-Señor" de Dios y el "ser-nuestro-Señor" hace que también todo lo mandado por Él sea algo sin más absolutamente obligatorio, como asimismo reclama la subordinación obediente en general. De ahí que toda autoridad auténtica entre criaturas sólo pueda ser posible como representación de Dios, y

---

12. La omnipotencia y el "ser-Señor absoluto" no son cosas idénticas, pero ambas están aquí esencialmente ligadas.

que una auténtica obediencia sólo pueda ser adecuada y exigida a
una criatura –o a una instancia creada– siempre y cuando sea una
representación de Dios. Dicho de otra manera: ningún valor de
criatura alguna puede fundar la pretensión con la que se presenta la autoridad auténtica a diferencia de la autoridad meramente
técnica. Naturalmente, aquí se excluye el caso del Hombre-Dios,
pues para los Apóstoles era manifiesta en Él no sólo la santidad
sino también la divinidad. Con mayor razón, la obligación y el
vínculo absolutos que la autoridad pretende crear para nosotros, y
la subordinación general y obligatoria que ella nos exige, no puede
deberse a que mediante actos sociales humanos (como prometer,
cerrar contratos, etc.) le concedamos y proporcionemos válidamente esa capacidad. Solamente el carácter de representación de
Dios permite fundamentar esto. Las autoridades humanas son autoridades *parciales* en contraste con la autoridad absoluta, es decir,
con la autoridad por y desde sí misma. Ellas tienen un ámbito de
competencia limitado. Sin embargo, dicho campo no lo trazamos
mediante actos de concesión ni vínculos autocreados, que nunca
pueden constituir una autoridad auténtica, sino que viene delimi-
tado desde arriba. No obstante, aquí no tiene que tratarse necesariamente de una investidura positiva por parte de Dios (como
sucede en la Iglesia), sino que la representación de Dios también
puede establecer una autoridad en la esencia y sentido de una comunidad. Tampoco se funda necesariamente la representación de
Dios en la Revelación positiva –en una "palabra" de Dios–; su parcial "representación de Dios" puede darse también en la peculiaridad natural de una comunidad (como la familia o el Estado). En
este contexto no podemos entrar más en esta cuestión. Solamente
querría prevenir expresamente contra el malentendido de que toda
legitimación de una autoridad deba presuponer una investidura
explícitamente dada en la Revelación de Dios. Además, el hecho
de que toda autoridad se fundamente en una representación de

Dios no depende en modo alguno de cómo se escoja concretamente al gobernante, sea por elecciones o de otra manera. La diferencia entre monarquía por la gracia de Dios y república concierne sólo a la forma de escoger, no a la forma de la sanción. Ciertamente, una sanción desde abajo nunca podrá conducir a una autoridad justa (como la que defiende Rousseau en el sentido de una voluntad general o una concesión de la autoridad), sino sólo a una autoridad técnica (como la que posee un consejo de administración o el gerente de una empresa).

Respecto a las diferencias de amplitud del campo de competencias, es preciso distinguir la diferencia principal entre autoridad directa e indirecta, de la cual ya hemos hablado. En la autoridad directa o formal, en la representación entra algo de la unidad entre soberanía y valor, hay un reflejo de la relación esencial entre omnipotencia y bondad (así ocurre en la autoridad de la Iglesia, del guía espiritual o del padre). Esta autoridad se erige ante mí no sólo como legítima, sino que en su cargo también encarna de algún modo el mundo de los valores; es específicamente "buena". En la autoridad indirecta, la autoridad se circunscribe al aspecto de la soberanía legítima (así, sobre todo, en el Estado). Tal distinción tiene una gran trascendencia. La obediencia a la autoridad directa es siempre a la vez respuesta directa al valor; mientras que la obediencia a la indirecta es sólo una respuesta indirecta al valor que responde directamente al aspecto de la legítima soberanía, a la obligatoriedad de lo mandado. Ello confiere a la obediencia a la autoridad directa otro valor de carácter completamente moral, de modo que en ella la relación con el mundo de los valores –e incluso con lo moralmente relevante– resulta actual. Aquí tropezamos con muchos problemas, como las particularidades de la autoridad específicamente legítima, o las clases de representación en nombre de Dios, que a su vez otorgan a una determinada instancia la capacidad para producir hechos jurídicamente válidos.

Junto al frecuente rechazo radical de toda autoridad en muchos puntos –en los que hoy se está llegando a límites insospechados pero que ya comenzó en el Renacimiento y la Reforma–, a menudo encontramos en muchos lugares un anhelo de autoridad y una fuerte conciencia de que en diversos ámbitos de la vida es indispensable la autoridad. Se habla prolijamente de que la autoridad es indispensable, pero ninguna necesidad práctica puede fundamentarla. O bien se admite que un Dios infinitamente bueno reina sobre el mundo y que existen personas e instancias que como parcial representación de Dios constituyen una autoridad auténtica; o bien se rechaza este Dios omnipotente y con Él toda raíz y fuente de una autoridad auténtica. En una visión puramente mecanicista del mundo sólo cabe acaso una autoridad técnica o una derivada de nuestra libre voluntad. Pero es precisamente la autoridad auténtica, que crea vínculos absolutos en nosotros y a la que debemos una incuestionable obediencia, la que se ve claramente indispensable en los más diversos campos (en la vida de la comunidad, en la educación y en la vida moral). Sin embargo, esta indispensabilidad nunca puede legitimar la pretensión absoluta de autoridad. Debemos alejarnos por fin del falso plano pragmático que, en lugar de una fundamentación auténtica, afirma un postulado y se conforma con la hipótesis de un "como si". El carácter indispensable de la autoridad puede ser para nosotros, a lo sumo, una señal de lo absurdo de negar los presupuestos metafísicos de la autoridad. Pero para aquellos que quieren aferrarse a esa absurda negación, no queda otra consecuencia que la radical negación de toda autoridad (excepto de una autoridad técnica). Ahora bien, una auténtica subordinación obediente bajo una autoridad meramente técnica es, de hecho, servil e incompatible con la libertad moral. En cambio, para quien ha reconocido los presupuestos de una autoridad auténtica no existe ninguna oposición entre obediencia y libertad moral;

para él, la obediencia a la autoridad auténtica práctica –así como la fe en la autoridad auténtica teórica– es evidente, es la respuesta razonable a Aquél que únicamente puede decir: "Yo soy el que soy" (Éx., 3, 14).

Formas legítimas e ilegítimas de influencia*

1. Las características formales de la autoridad auténtica y la vida "independiente" de la persona

a) "Servire Deo regnare est"

En esta frase de la liturgia[13] encontramos una concepción de la obediencia y de la autoridad diametralmente opuesta a la postura adoptada por la Modernidad respecto al problema de la autoridad. Desde el Renacimiento y el comienzo del protestantismo, la comprensión de la subordinación obediente al mandamiento de una autoridad y a la fe ha ido constantemente a menos. Esa forma de abnegación ha sido cada vez menos comprendida y apenas respetada, hasta llegar a la lucha radical contra la autoridad en la

* *Legitime und illegitime Formen der Beeinflussung*, en *Gesammelte Werke* VIII, ed. cit., pp. 221-259. Primeramente aparecido en *Die Menschheit am Scheideweg*, ed. cit., pp. 355-405.

13. Sobre el origen, no directamente litúrgico, de esta expresión ("Reinar es servir a Dios") puede verse: Urbán, A., "*Servire Deo regnare est*. Una fuente medieval en los *Emblemas morales* de Juan de Horozco y Cobarrubias", *Alfinge* (Universidad de Córdoba, España) 12 (2000), pp. 193-198. (N. del ed.)

Revolución francesa y en sus padres espirituales, y al ideal kantia-
no de autonomía. La subordinación de la razón a una autoridad
–por ejemplo en la fe– se acabó viendo como una esclavitud de la
soberanía personal que sólo se comprende en un débil mental o en
un mojigato; la subordinación de la voluntad al mandamiento de
una autoridad moral se terminó viendo como una renuncia a la
autonomía de la persona, como una conducta servil e indigna de la
libertad moral del hombre, e incluso como un retorno a la minoría
de edad moral. Autoridad y libertad aparecían como profundamente opuestas. Pero esa nueva valoración de la autoridad es sólo
una consecuencia interna y necesaria del cambio profundo –que
entretanto se había consumado– en la actitud general de la persona, en su visión del mundo. (En un mundo sobre el que reina un
Dios todopoderoso, omnisciente e infinitamente bueno, que ha
creado este mundo y que sólo por Él y en Él todo recibe valor real
y significado y sentido últimos –incluso únicamente para Quien
todo existe, pues Él no existe para el mundo sino que éste existe
sólo para Su glorificación y sólo en ello tiene su razón de ser–; en
ese mundo, la entrega fiel y obediente a ese Señor es también la
máxima libertad. Y ese mundo, en el que todo lo que tiene justi-
fiación y auténtica validez recibe su sanción del supremo Señor,
posee en cierto modo como tal una estructura autoritativa; sólo en
ésta, en la que domina el prototipo y la fuente originaria de toda
autoridad, puede existir cualquier autoridad, o sea, una instancia a
la que se debe fe y obediencia.) En cambio, en un mundo que tiene
en sí mismo el centro de gravedad de su significado –bien porque
no haya un Dios que reine sobre él, bien porque sólo sea un Dios
en virtud de la razón humana–, donde por ello y en todo caso el
hombre constituye con su razón y su voluntad, aunque inadverti-
damente, el sentido último del mundo; en ese mundo que tiene al
hombre como "soberano", falta el fundamento objetivo para una
autoridad y, con ello, para una entrega fiel y obediente a ella: en

dicho mundo, por tanto, una conducta de ese tipo es absurda y está infundada.

Es más, la actitud hacia la autoridad está tan estrechamente relacionada con esa última y decisiva orientación hacia Dios y el mundo, que la falta de disposición a reconocer una autoridad absoluta por encima de uno mismo constituye para muchos la raíz más profunda de la negación de Dios; hecho que revela claramente la importancia central del problema de la autoridad. Pero la sobresaliente importancia de esta cuestión no sólo procede de lo profundo que sean las raíces del problema de la autoridad. Esa importancia fundamental también se muestra si se miran las consecuencias, de gran calado y alcance, que la postura sobre el problema de la autoridad tiene en los más diversos ámbitos. En primer lugar, esto es válido para la ética y la pedagogía. Según los partidarios del ideal de la autarquía y autonomía, la ética debe mostrar una cara completamente distinta de la que presenta para los discípulos del Hijo del Hombre, que nos exhorta: "Si no os volvéis como niños, no podréis entrar en el Reino de los Cielos" (Mt 18, 3). Y los representantes de una ética autónoma deben llegar, en lógica consecuencia, a una pedagogía completamente distinta –tanto en su finalidad como en su método educativo– de la de los cristianos. Pero también para la sociología, en el más amplio sentido de la palabra, el problema de la autoridad reviste gran importancia. La entera concepción de la familia, de la vida comunitaria, del Estado y de las demás formas de comunidad y relaciones sociales[14] será completamente distinta según la valoración de la autoridad y el puesto que se le conceda.

Si nos vamos a ocupar aquí de la clarificación del problema de la autoridad en primer término por intereses de la Pedagogía,

---

14. Hildebrand ha analizado detalladamente la esencia y formas de la comunidad en su obra *Metafísica de la comunidad*, Editorial Universidad Francisco de Vitoria, Madrid, 2023. (N. del ed.)

tendremos que plantearnos claramente y ante todo qué es la autoridad y en qué consiste el ser-autoridad. Tendremos que entender
cuál es la *esencia* de la autoridad[15]. No es posible explicar su superioridad ni profundizar en su indispensabilidad práctica mientras no tengamos clara la peculiaridad de la autoridad auténtica
(especialmente sus formas aparentemente similares), mientras no
haya sido nítidamente diferenciada de toda pseudo-autoridad.
Asimismo, tampoco se podrá decidir si constituye una restricción
de la libertad moral e intelectual mientras no se haya perfilado
con toda lucidez la especial forma de dependencia que constituye
la obediencia a la autoridad auténtica. Pero, sobre todo, hay que
guardarse de querer deducir la esencial justificación de la autoridad a partir de su indispensabilidad para la vida moral, para la
educación y para la vida pública. O existen presupuestos metafísicos de una autoridad o instancia a la que se debe obediencia y fe,
o no existen. La justificación de una autoridad únicamente puede
depender de esos presupuestos, nunca de si la autoridad es o no
es indispensable para el mundo. Ciertamente, esto último puede
hacer su existencia deseable, pero nunca justificarla realmente. Ha
llegado la hora de rechazar con toda energía el funesto intento
de querer demostrar la existencia de una cosa, e incluso su legitimación, a partir de su imprescindibilidad práctica –un proceder
que necesariamente acaba en el pragmatismo–. Mientras algo sólo
pueda acreditarse como "postulado" no podrá convenirse nada sobre su efectiva existencia ni sobre su absoluta razón de ser.

Por eso queremos retomar aquí el análisis esencial de la autoridad auténtica y sus presupuestos metafísicos; investigación
que –como acabamos de mostrar– es presupuesto imprescindible
para una discusión fecunda y verdaderamente científica de la importancia pedagógica de la autoridad. Además, dentro del marco

---

15. Véase el escrito anterior de este volumen. (N. del ed.)

dado aquí deberemos limitarnos, en lo sustancial, a este preámbulo del papel pedagógico de la autoridad.

Cuando caracterizamos a una persona o instancia como autoridad, lo hacemos en relación con cierta dignidad propia que es de ella y que incluye o requiere una determinada relación con otras personas (o también, como aquí hay que añadir con validez general, con *otra* persona). Mientras alguien sea una autoridad está en una peculiar relación con otros: sea esa relación sólo exigida pero no realmente efectiva, o una relación no de determinados individuos sino sólo de un tipo general de personas. Si, por ejemplo, hablo de la autoridad del rey en un Estado monárquico, no pienso en un atributo que él posea estrictamente y en que no tenga ninguna relación ideal con otras personas –como cuando lo caracterizo como moralmente bueno o intelectualmente relevante–, sino que pienso en algo de él que constituye una relación especial con sus súbditos, sea real o sólo ideal.

Así pues, en el ser-autoridad se incluye siempre una referencia a otras personas. Por eso, al caracterizar la esencia de la autoridad, desde el principio podemos y debemos atender a la peculiaridad de la relación con otras personas –o con *otra* persona– que subyace en el ser-autoridad. Una caracterización totalmente general de la relación que llamamos autoritativa se nos presenta, en primer lugar, al ver que "otro" depende de una manera peculiar de la persona o instancia que desempeña el papel de autoridad. Cuando decimos, por ejemplo: "este hombre constituye una autoridad para su amigo", pensamos que el amigo está en una relación de dependencia espiritual respecto de él. Igualmente, ya el amor que alguien siente por otro puede ciertamente implicar una especie de dependencia en el sentido más formal de la palabra. Cuando los estoicos advertían contra un excesivo apegamiento del corazón a una persona porque así uno se volvía dependiente de ella –por ejemplo, pudiendo resultar excesivamente afectado si la perdiera–, tenían que

pensar en una dependencia en sentido amplio, que ya se establece
en todo amor a otro. Sin embargo, al depender del amigo que
caracterizamos como autoridad, la dependencia en cuestión no es
esa sino otra en sentido más propio, a saber: una dependencia que
de algún modo me subordina directamente a otro y que en cierta
manera me introduce en el círculo de su influencia.

Una dependencia en sentido estricto se da ya en el respeto[16].
Pero también éste es esencialmente distinto de la dependencia autoritativa. Es verdad que ahí se encuentra –a diferencia de la mera
simpatía, e incluso del amor– una cierta subordinación: pues el
otro se halla tan valioso ante mí que me ajusto a su juicio y su
conducta con un cierto respeto, tan valioso que le contemplo como
estando por encima de mí. Pero tampoco se da aquí una dependencia en el sentido pleno de la palabra. Que yo respete a otro no significa en modo alguno que realmente me guíe en mi pensar, sentir
y querer; no significa que él pueda determinar de alguna forma mi
comportamiento, ni por tener efectivamente poder para ello ni por
tener derecho a ello. En cambio, la relación autoritativa incluye, según su esencia más universal –o sea, realizada en su sentido–, una
dependencia real. Consiste en una relación en la que, en virtud de
cierta preponderancia de una persona, alguien se une tanto a ésta
(totalmente o en algunas facetas del desarrollo de su pensamiento
y vida) que resulta realmente determinado por ella en los correspondientes aspectos; es decir, su pensar, sentir y querer son como
son por dicha persona. Pero con esta característica formal se ha
dicho todavía muy poco acerca de la esencia de la autoridad. Pues
hay muchas relaciones de poder o de superioridad espirituales que
no sólo son distintas de la autoridad, sino que directamente se le
oponen. Únicamente nos aproximamos a la esencia de la autoridad
cuando reconocemos en qué consiste la "superioridad" o "prepon-

16. Véase el escrito primero recogido en este volumen. (N. del ed.)

derancia" de la persona o instancia espiritual que es autoridad, es decir, en qué se basa la relación de poder o de qué naturaleza es la dependencia de quien se subordina a una autoridad. Mientras esa naturaleza no quede perfectamente clara, las nociones de influencia, dependencia y autoridad serán del todo equívocas. También la polémica racionalista contra la autoridad se alimenta precisamente de no distinguir en absoluto entre la autoridad misma y las otras formas de superioridad; y, así, sus reproches contra la autoridad se basan en aspectos que no son propios de la autoridad sino de otras formas ilegítimas de dependencia (como, por ejemplo, de la dependencia basada en la sugestión o del dejarse imponer o fascinar en sus diversas variantes). Por tanto, nuestra primera tarea consistirá en eliminar las principales formas ilegítimas de dependencia –es decir, caracterizarlas en su peculiaridad–, para después poder extraer clara y unívocamente la esencia específica de la autoridad. Pero el examen de las pseudoautoridades debe ir precedido por una exposición de la vida "normal" no modificada por ninguna dependencia a otras personas. Ante todo tenemos que aclarar lo característico del pensar, sentir y querer "independientes", para desde ahí poder volver a captar más precisamente la esencia del ser-dependiente en general. La consideración de las variadas formas de dependencia nos llevará entonces a caracterizar claramente las pseudoautoridades, y después al reconocimiento de la autoridad auténtica.

b) Tomas de postura libres y tomas de postura dependientes[17]

Sin duda, uno de los mayores logros de la filosofía reciente es haber puesto de relieve, con toda claridad, el carácter fundamentalmente intencional de la persona humana. La "tenebrosa visión"

---

17. Sobre la "toma de postura" como acto en general puede verse en Hildebrand, *Ética*, ed. cit., pp. 333-337. (N. del ed.)

de la persona espiritual que prevalecía en la psicología de la segunda mitad del siglo XIX –según la cual la vida de la persona se reducía a conexiones causales de sensaciones, imágenes y sentimientos; tratándola, en una analogía infantil y brutal, según el esquema del mundo físico exterior– ha sido superada por el descubrimiento del carácter pleno de sentido y referido a objetos de la mayoría de las vivencias del hombre. Uno de los mayores méritos de Edmund Husserl (en sus *Investigaciones lógicas*) consiste en haber puesto claramente de relieve este carácter intencional de nuestro aprehender, reconocer, pensar, juzgar y tomar postura; carácter que antes se presuponía ciertamente como evidente, pero que por el sensualismo se fue sepultando cada vez más, hasta que quedó totalmente olvidado en la psicología asociacionista. Al reconocer la relación consciente y racional del sujeto con el mundo de los objetos –en la que se iluminaba muy claramente la peculiaridad del ser-personal, incomparable con el ser de la naturaleza física–, se fundamentó la comprensión de la estructura plena de sentido de la persona y se echó un cerrojo a la ingenua traslación de las relaciones que rigen la naturaleza física a la vida interior.

Debe distinguirse entre la intencionalidad en general que determina nuestra aprehensión (por ejemplo: ver colores, percibir una casa, estar-convencido de que llueve o alegrarse de una buena noticia) y la intención, en un sentido estricto, que es propia de las tomas de postura y los actos de la persona. En el sentido amplio no son intencionales vivencias como por ejemplo el cansancio, porque aquí falta un referirse a algo que esté frente a la persona, pues constituye un puro estado. Pero entre las vivencias en las que la persona se refiere con sentido a un objeto, hay en particular aquellas en las que la persona se refiere espontánea o activamente al objeto (ya se trate de que ella lo "piense", como al meditar, afirmar, preguntar, etc.; ya sea que, como en la alegría o el entusiasmo, nuestra toma de postura se "dirija" a un objeto). Basta comparar la aprehensión de ver un color con la toma de postura de la tristeza por la pérdida de un amigo, para ver que ambas vivencias son intencionales en el sentido amplio de la palabra, pero que la tristeza constituye –frente al ver– un referirse espontáneo o activo a un estado de cosas. La tristeza por la muerte de un amigo se *dirige* precisamente a ese suceso, está en cierto modo "dirigido" a él; de alguna manera *yo* digo algo a ese suceso, mientras que en el ver colores hay un tener vacío y más bien el color me habla a *mí*.

No obstante, las tomas de postura muestran además una relación de sentido aún más amplia respecto a su objeto, que va más allá de la intención activa en el sentido estricto. En ellas, no sólo "decimos" algo al objeto de nuestra alegría o nuestra tristeza, de nuestro entusiasmo o de nuestra indignación, de nuestro amor o de nuestro odio –alegrándonos o entristeciéndonos, entusiasmándonos o indignándonos, amando u odiando–; sino que *respondemos*, por así decir, a la peculiaridad del respectivo objeto con la cualidad especial de nuestra toma de postura. Esto vale para las tomas de postura tanto teoréticas como emocionales.

Mi convencimiento de un estado de cosas responde a la existencia conocida del estado de cosas; mi suposición, a la probabilidad conocida de la existencia; mi duda, a la inseguridad sobrevenida; mi entusiasmo por una acción noble, al valor moral de esa acción; mi tristeza por la muerte de un amigo, a la desgracia que ese estado de cosas representa, etc.[18]. Por eso, las tomas de postura no sólo necesitan un objeto al que se dirigen, sino que en ese objeto debe encontrarse además un aspecto por el que la persona dé una determinada respuesta al objeto precisamente con esa toma de postura. La toma de postura contiene, a causa de su carácter

---

18. He tratado detenidamente estos hechos elementales en dos escritos anteriores: *La idea de la acción moral* [ed. cit., pp. 27 y ss.] y *Moralidad y conocimiento ético de los valores* [Ed. Cristiandad, Madrid, 2006, pp. 23 y ss.].

de respuesta, una doble referencia al mundo de objetos: primera, la dirección a un objeto, el "dirigirse" a un objeto; segunda, la respuesta a un determinado aspecto del objeto. Tal aspecto por el que se responde al objeto –que, por tanto, funda por qué se da esa respuesta al objeto– también lo designamos en el lenguaje común como el motivo de la toma de postura. Por consiguiente, podemos decir: en cada toma de postura debe darse, además del objeto al que se "dirige", un aspecto inherente al objeto que motiva la toma de postura.

La estructura significativa de las tomas de postura –también las emocionales, que por lo general se meten como "sentimientos" en el mismo saco que los meros estados– aparece claramente cuando atendemos a las diversas exigencias que implica una toma de postura normal: primera, el objeto al que se dirige; segunda, el aspecto del objeto al que responde. Si en alguna parte nos encontramos con una toma de postura sin objeto, se nos presentará como anormal y sin sentido. Por ejemplo, cuando encontramos a alguien sumido en una profunda tristeza, le preguntaremos en primer lugar de qué está triste. Si contesta: "No sé", consideraremos su comportamiento como anormal. Supondremos que quizá ha reprimido u olvidado el objeto de su tristeza[19]. Dicho brevemente, buscaremos un objeto al que en realidad se dirija la intención supuestamente vacía. Sin un objeto, esa tristeza es un sinsentido: algo análogo –en la esfera lógica– a la construcción verbal "si casa pero y", donde no se corresponde ninguna unidad significativa porque los elementos significativos no revelan ninguna totalidad de sentido en esa combinación. Pero si quien está triste nos con-

19. A menudo, cuando nos enfadamos por algo, el objeto de nuestro enfado es de algún modo expulsado de nuestra conciencia debido a un suceso repentino; y después, como el enfado persiste, intentamos recordar cuál era ese objeto de nuestro enfado.

testa: "Estoy triste por el destino de mi amigo", su tristeza aparece ciertamente como normal, pero seguiremos preguntando hasta qué punto el destino del amigo es triste o cuál de los elementos de ese destino constituye precisamente el objeto de su tristeza. En una palabra, sabemos ciertamente *de qué* se entristece, pero no *por qué* se entristece del objeto en cuestión. Si entonces nos contesta: "Mi amigo ha muerto", consideraremos normal su tristeza –no sólo en el sentido de intencionalmente referida, sino también en el de "motivada con sentido"–, pues salta a la vista el disvalor que representa la muerte del amigo. Por el contrario, si a la pregunta de por qué se entristece por el destino de su amigo contestara: "Mi amigo ha sido ascendido", entonces no encontraríamos sin más el aspecto que motiva su tristeza, sino que continuaríamos preguntando si él cree que ese ascenso será una desgracia para el amigo, o si teme que por ello su amigo se pierda para sí: es decir, buscaríamos en el destino del amigo una cualidad que convierta ese destino en un mal objetivo o en un mal para el interesado. Si no se logra descubrir tal cualidad, la tristeza de nuestro interlocutor se nos aparecerá como incomprensible e incluso absurda. Tal "absurdidad" es claramente distinta de la del sinsentido antes descrito. Allí era la falta de un objeto al que se dirigiera la toma de postura, el "dirigirse en vacío" de la intención; aquí es la falta de una cualidad en el objeto al que esa toma de postura pudiera ser una respuesta, el no encontrar ninguna cualidad que pudiera motivar precisamente *esa* toma de postura. Si equiparamos la toma de postura "absurda" con la frase "sin sentido", esa absurdidad se podría equiparar con el absurdo que se da, por ejemplo, en la combinación completamente disparatada de categorías del ser "2+2 es azul".

La toma de postura normal debe su existencia a la peculiaridad reconocida del objeto al que responde. Ella está motivada precisamente por la peculiaridad del objeto. La aprehensión de esa peculiaridad es, por tanto, el fundamento de la toma de postura normal. Resulta de la mayor importancia comprender esta relación de motivación en toda su peculiaridad, y mantenerla lejos de cualquier analogía con una relación causal. Esa respuesta de la toma de postura es, más bien, específicamente *libre* en el sentido amplio de la palabra (en el que "libre" significa lo contrario de "causal-mecánico"). Más adelante hablaremos con detalle de los diferentes tipos de libertad, y entonces distinguiremos entre la libertad en el sentido del poder creador de la persona (es decir, la libertad del querer) y esta libertad en sentido amplio. En primer lugar, basta con comprender que toda toma de postura –motivada por la peculiaridad del objeto al que ella se dirige– puede calificarse como libre en el sentido amplio de la palabra, pues no sólo se suscita por la peculiaridad del objeto (como si fuera un movimiento reflejo mediante un efecto sensible), sino que constituye una respuesta plena de sentido, un "ocuparse" del objeto según su sentido. Además, tal toma de postura representa también un comportamiento *independiente* frente al objeto, ya que no debe su existencia al "influjo" de otra persona sino a la peculiaridad del objeto, y se realiza en razón de un independiente ocuparse de ese objeto.

Sin embargo, la toma de postura normal –referida con sentido a un objeto y motivada por la peculiaridad de éste– no es por ello todavía, ni de lejos, una toma de postura objetivamente justificada o *adecuada*. Si alguien se entristece de que a otro le vaya mejor que a él, su toma de postura no es ciertamente anormal –no buscaremos otra motivación–, pero no está objetivamente justificada; a ese estado de cosas le corresponde otra respuesta. Pues a cada objeto que posea un valor o un disvalor le corresponde como respuesta una toma de postura adecuada (al mal objetivo, tristeza; al bien objetivo, alegría; a la acción moralmente buena, entusiasmo; a la persona moralmente buena, veneración; a lo objetivamente bello, admiración y entusiasmo…: en una palabra, a lo valioso, una toma de postura positiva; a lo disvalioso, una negativa). Adecuada es únicamente la toma de postura emocional que es conforme a la exigencia que emana del valor del objeto, que se rige enteramente por el aspecto valioso objetivo.

Así pues, la toma de postura objetivamente adecuada es "libre" también en un sentido mucho más alto y preciso, a saber, en el sentido de la "libertad moral". Sólo en esta libertad la persona se ocupa sin enturbiarse en absoluto por el orgullo y la concupiscencia de lo objetivamente valioso y, por ello, de lo exigible; no se deja determinar por ninguna tentación ilegítima sino sólo por la legítima exigencia de lo valioso en sí. Por eso, sólo tiene una relación real y objetiva con cualquier esfera en el sentido amplio de la palabra (sea el arte, la vida familiar, la ciencia, etc.) quien realmente capta en su valor los bienes que hay en esa esfera y en su toma de postura responde a ellos de una manera objetivamente adecuada.

¿Qué significa entonces que una persona depende de otra? Ahora que ya hemos visto brevemente los fundamentos de una vida normal independiente, disponemos de los instrumentos para comprender mejor esa pregunta y penetrar más profundamente en el problema contenido en ella.

Cuando hablamos de que alguien tiene una profunda relación con el mundo del arte, tenemos en mente que conoce y comprende claramente el valor específico de la "belleza artística", que también es capaz de captar claramente el valor de las particulares obras de arte en su respectiva altura, y que además responde a esos valores captados con alegría, entusiasmo, emoción u otras respuestas al valor. Pensamos, asimismo, que el mundo del arte ocupa en su vida el lugar que corresponde a su importancia y altura. El interés y amor por el reino del arte está motivado aquí por el valor específico de ese mundo, valor que esa persona es capaz de ver con

claridad; igualmente, su entusiasmo por una determinada obra de
arte está motivado por el valor captado de esa particular obra de
arte. Por eso, a dicha persona le atribuimos una profunda y auténtica relación con el arte: porque el mundo del arte mismo le habla
y le desvela su valor, y porque su orientarse a tal mundo se funda
en ese algo objetivo.

En cambio, si decimos que ese individuo no tiene ninguna
relación propia e independiente con el arte y que está totalmente
influido o que depende de otros, como mínimo pensamos primeramente que el mundo del arte no le habla inmediata e inequívocamente y que simplemente no es capaz de comprender el valor
de la respectiva obra de arte; por eso, sólo con la ayuda de otro se
constituye en él una relación con el arte en general o con una obra
de arte en particular. Pero esta ayuda puede presentarse además
en funciones fundamentalmente distintas. Puede consistir en que
otra persona nos descubra el mundo de los valores artísticos y de
la obra de arte particular; en que esa otra persona tenga la misión
pedagógica de mostrarnos una nueva esfera de valores, de abrirnos
los ojos a ella. Mi comprensión para el arte puede estar subdesa-
rrollada o relagada por alguna razón; otra persona puede hacer de
comadrona en el alumbramiento de mi visión de valores en ese
campo, como Sócrates obró "mayéuticamente" en el ámbito filo-
sófico. Que esto se da es indudable. Ciertamente tiene que existir
la particular predisposición artística, pues de lo contrario ninguna "ayuda" puede despertar una auténtica captación de valor; por
tanto, el margen y la envergadura de esa "ayuda" no es aquí tan
grande. Pero en la esfera moral –donde no una "predisposición"
en sentido estricto, sino que toda ceguera axiológica resulta de
una falsa actitud fundamental[20]– a esa ayuda puede corresponder-

---

20. Cf, sobre esto, mi trabajo *Moralidad y conocimiento ético de los valores*,
ed. cit., pp. 51 y ss.

le un enorme campo de acción. Piénsese en la historia de los santos (cuántos han corregido su miopía moral, cuántos han abierto
sus oídos a la voz de la conciencia, cuántos se han despertado del
sueño moral), y en esos ejemplos supremos se verá claramente el
enorme papel que ha jugado la "ayuda" de otros en el proceso del
despertar moral y del desarrollo de la comprensión de los valores
morales. Pero incluso en la esfera de la aprehensión de valores artísticos, al "descubrimiento" de valores mediante otras personas se
le otorga –aunque sólo sobre el presupuesto de una predisposición
artística– un importante papel. Esa dependencia de otros afecta
solamente a la génesis de la comprensión del arte, pero todavía
no dice nada sobre la cualidad de ésta. Una comprensión que se
origina mediante esa ayuda espiritual de otros en principio no tiene por qué ser finalmente menos segura y clara que aquella que
se desarrolla por sí misma o sin "ayuda" (aunque quizá *de facto* y
generalmente sea menos segura). Esto vale más aún para la esfera
moral. Aquí tampoco la intuición de valores morales que resulta
de la actitud fundamental de la persona y sin "ayuda" ajena –la
intuición que, como solemos decir, se posee por "naturaleza"– tiene en la mayoría de los casos concretos ventaja en profundidad,
claridad y seguridad frente a la comprensión de valores de aquel a
quien la mirada para mundo de los valores morales se ha abierto
mediante ayuda ajena.

Por tanto, esa ayuda consiste sólo –y esto es lo esencial– en
que al otro se le "descubre" el valor; en que se le abren sus ojos
para ese valor; en que se le libera interiormente para ese valor y se
le lleva espiritualmente ante él. Tan pronto como los ojos del otro
se "abran", el objeto le hablará directamente a él y su entusiasmo
y amor formarán una verdadera respuesta motivada por el valor
captado. Por eso, en consecuencia, no hay ninguna modificación
de la respuesta normal al valor. Así pues, esa influencia "mayéutica" tampoco puede ser concebida en absoluto como dependencia

real, ya que conduce a la relación normal. Por eso de momento la aplazamos.

En cambio, hay una dependencia real cuando la relación con otra persona configura el verdadero fundamento de mi toma de postura no sólo temporal sino permanentemente. Pensemos en la figura del servidor fiel que se entusiasma por algo porque su señor también se entusiasma por ello; que venera a otra persona porque su señor también la venera. Él no comprende en sí ni los valores intelectuales ni los morales que esa otra persona representa, pero como su señor –a quien ama y venera sobre todas las cosas– la venera, él también lo hace. Para él, la otra persona es digna de veneración en cuanto "venerada por su señor". Para él, dicha persona posee también un brillo valioso general. Pero este brillo está fundado, no en valores particulares intelectuales y morales que él ha aprehendido en tal persona, sino en el hecho de que su señor la venera; ese brillo se transfiere a esa persona de modo indirecto. Salta a la vista lo completamente nuevo de este caso frente a la ayuda "mayéutica". Aquí, mediante el influjo del otro no se llega a una auténtica comprensión de los valores del tercero sino sólo a un sustituto. Ciertamente se llega a una toma de postura hacia el otro, pero esta no está motivada por la peculiaridad de esa persona sino indirectamente por las cualidades que –para el servidor– posee el *señor*. Sólo entonces podemos hablar de una dependencia de otro en sentido pleno: cuando la toma de postura hacia una esfera de bienes o del saber –es decir, hacia un contenido individual aprehendido– está condicionada siempre, *no por las cualidades de esa esfera* o ese contenido al que se dirige la toma de postura, sino por *otra persona*; cuando, por tanto, la ayuda de otra persona consiste en ser fundamento real y duradero de la relación con alguna esfera de objetos.

2. Las formas de dependencia ilegítima

a) La influencia de la sugestión

Existe un tipo bien conocido de personas, fácilmente influenciables, que sólo a causa de intuiciones, opiniones y tomas de postura ajenas convierten en "propias" algunas opiniones y tomas de postura. A causa de una cierta debilidad interior, son incapaces de obtener impresiones claras y precisas sobre cualquier cosa, y menos aún de ser motivadas por ellas a las tomas de postura correspondientes. No es que estas personas vayan por el mundo de una manera indiferente o apática. Al contrario, muestran una cierta emocionalidad inestable que, sin embargo, no se activa ante las impresiones objetivas. Escuchamos a una persona de este tipo hablando de algún suceso público, por ejemplo, entusiasmándose por el comportamiento de una persona y resaltando tal o cual particularidad; pero ya mientras habla notamos que su entusiasmo, complacencia y opinión sobre ello no arraigan realmente en su propia persona –como sí ocurre en otros– ni tienen como motivo las cualidades de la cosa, es decir, *no deben su existencia al contacto con la cosa.*

Esto se ve claro cuando observamos cómo impresiones, opiniones y tomas de postura de semejantes personas se modifican de golpe por la influencia ajena. Primeramente manifiestan, por ejemplo, una opinión positiva sobre un libro y se entusiasman con él; después llega otro y dice lo contrario; y de repente vemos deshacerse en nada su postura y opinión. De pronto afirman lo contrario de lo que han dicho antes y les desagrada lo que antes les entusiasmaba como si nunca hubieran opinado o apreciado de otra forma: no encuentran propiamente ninguna contradicción en su postura, no disimulan quizá conscientemente –como la gente que se avergüenza de reconocer un "patinazo" o que sigue sin más

la corriente–; sino que no pueden resistir la influencia de la otra
persona. No por ello necesitan venerar o amar a la persona que les
influye, incluso a veces pueden odiarla; es más, ni siquiera necesitan saber que son dependientes de esa persona. Más bien, pueden
vivir pensando que sus posturas e ideas están motivadas realmente
por los objetos a los que se refieren; y hasta cierto punto siempre
creen esto. Piensan, por ejemplo, que están realmente entusiasma-
dos por una obra de arte a causa de su belleza aunque les embargue
siempre un cierto vacío y una oculta inseguridad; y nunca pueden
sentirse felices o satisfechos –como les sucede a otros– de su relación con los objetos. La peculiar dependencia en la que se halla
este tipo de personas ha de caracterizarse como la que se produce
mediante sugestión.

Lo primero que podemos establecer aquí es la ausencia de toda
auténtica motivación. La cualidad del respectivo contenido al que
se dirige la toma de postura no fundamenta ahí ese tomar postura.
Este tipo de persona no se entusiasma en virtud de una belleza
captada en el objeto: ni en virtud de un valor que él mismo capta
en el objeto, ni en virtud de un valor que otra persona hace res-
plandecer en él. A diferencia del anterior caso del "servidor fiel"
–que responde a un brillo que el objeto posee en cuanto admirado
por la persona a quien reverencia–, aquí la toma de postura no
está motivada por una cualidad que el objeto posea ni siquiera
indirectamente. Tal toma de postura no debe su existencia a ninguna cualidad objetiva aprehendida; no está motivada en modo
alguno, sino que se produce de manera completamente distinta
que podemos llamar "dinámica". Cuando la persona influida sugestivamente se entusiasma con una obra de arte que diez minutos
antes le dejaba frío o incluso encontraba fea, ciertamente esa obra
está ahora ante él como bella también según la impresión, pero
esta impresión no tiene ninguna función motivadora respecto a su
entusiasmo; como persona, ella es demasiado "débil" para lograr

tomas de postura de esa manera normal. En general, los valores no pueden motivar en ella ninguna respuesta emocional; sólo el influjo de otra persona dinámicamente muy superior a ella puede ponerla en "movimiento" espiritual y emocionalmente.

Por tanto, lo característico aquí no es sólo que una impresión de un objeto se lleve a cabo únicamente con ayuda de otros, sino sobre todo que esa impresión dependiente tampoco tiene fuerza y función motivadoras. Más bien, tal individuo relaciona posteriormente con el objeto la toma de postura creada de una manera completamente distinta por la persona que sugestiona, sin que el aspecto cualitativo del valor del objeto –asimismo producido sólo sugestiva y dinámicamente– actúe ahí motivadoramente. Por eso nos parece postizo el entusiasmo y encanto que tales personas manifiestan, por ejemplo, ante una pieza musical; aunque no porque las consideremos insinceras, ya que "actúan simplemente así" para darse cierta importancia ante nosotros. Más bien creen estar realmente entusiasmadas y encantadas, pero notamos que se encuentran en un autoengaño y que su entusiasmo y encanto –como enseguida veremos– son sólo un *quasi*-entusiasmo y un *quasi*-encanto: su existencia no la deben al objeto al que se "dirigen" sino al influjo enteramente peculiar de otra persona. Tampoco una expresión muy fuerte por parte de esas personas puede engañarnos acerca de la "naturaleza larvaria" de esa toma de postura. Y es que a menudo ese tipo de gente formula directamente sus impropias opiniones con una certeza que parece como un intento inconsciente de, mediante esa forzada firmeza, superar y esconder ante sí y ante otros su profunda vacuidad e inconsistencia interior. De igual modo, por ejemplo, a menudo su postiza alegría y entusiasmo llegan a manifestarse de manera especialmente enérgica: con expresiones y gestos exagerados mediante los cuales querrían inconscientemente llenar de vida sus vagas vivencias. Pero todo esto no es capaz de engañarnos respecto al vacío insustancial y sin sentido de esas tomas de postura que en realidad no proceden del objeto al que se refieren. Entonces, ¿de qué tipo es este curioso influjo por el que se cae en la dependencia de otra persona? Aquí, en este punto, se revela la entera singularidad de este caso.

Dicha dependencia no está fundada en ninguna *cualidad captada* en otra persona; en ella no se contiene ninguna respuesta a la peculiaridad de otra persona, sino que es un inconsciente caer en el poder espiritual de otro. En el caso arriba mencionado del servidor fiel, la dependencia respecto al señor contiene una subordinación consciente. El señor está ante él como alguien muy superior: como bueno, prudente, sabio y precisamente como su legítimo señor; como aquel que puede mandarle y en quien debe confiar. Por consiguiente, aquí la subordinación puede que objetivamente no sea aún tan adecuada, pero siempre está motivada por una superioridad captada en el señor; en cambio, en el caso de la sugestión falta toda eficacia motivadora de *cualquier superioridad conscientemente captada*. Por eso esta dependencia no puede concebirse en modo alguno como subordinación: el afectado ni siquiera necesita saber que depende de otro, ni respetarle de alguna forma o simplemente considerarle superior. Más bien se trata de una influencia oscura e inconsciente que no apresa el centro consciente y de sentido de la persona –como sí sucede en toda dependencia que se funda en una respuesta a alguna superioridad captada en otro–, sino que por así decir "elude" el centro libre y de sentido de la persona y abraza a esta como "por detrás". Es un influjo *dinámico* que actúa de modo puramente *objetivo* sobre la personalidad "débil". Cuando aquí se señala como esencial la falta de una subordinación "consciente", los términos "consciente" e "inconsciente" deben entenderse en el más amplio sentido de la palabra. También la subordinación del "servidor fiel" puede ser inconsciente en el sentido de que no haya hecho expresa su subordinación en un momento determinado ni se haya dado a sí mismo claras explicaciones sobre ella. Puede haberse familiarizado con la relación de dependencia tan naturalmente –quizá por haber nacido en la casa de su señor– que no haya ningún momento en el que hubiera llevado a cabo expresamente la subordinación; y que, si alguien le preguntara por ello, tampoco podría indicar por qué se subordina y cuáles son los aspectos del señor por los que él se subordina. Pero su obediencia es consciente, por oposición a la "inconsciencia" del sobresalto por un repentino estrépito o un roce inesperado y, sobre todo, por oposición al tipo de "inconsciencia" que hay cuando alguien bosteza porque otro ha bostezado. Pues este efecto del bostezo de otro se produce de manera fundamentalmente inconsciente en el sentido de que no existe ninguna relación causal sino una eficacia objetiva. Esta "inconsciencia" no cambia en nada aun cuando yo sepa que bostezo a causa del bostezo de otro. Por el contrario, el señor está ante el servidor como muy superior aunque éste no pueda formularlo –si bien reflexionando sobre ello se le hace claro–, y su entrega al señor es una respuesta a aquella superioridad aunque pueda haberse familiarizado poco a poco con ella. Esa *superioridad captada*, en cuanto "captada", constituye el fundamento en el que se basa la dependencia; su entrega "vive" de ese aspecto que en el señor se da intuitivamente al servidor.

En cambio, la persona influida por sugestión es dependiente no debido a alguna superioridad captada en otra persona; ella se ha sometido a otro por el predominio dinámico de éste que no necesita en absoluto captar. Esto resalta de la manera más clara cuando lo comparamos con el caso de una persona que capta ese predominio dinámico y a quien esa superioridad enérgica le encanta y hechiza. Hay personas vitalmente débiles a quienes el empuje dinámico de ciertas naturalezas fuertes atrae especialmente; personas que, por una parte, disfrutan de esa fuerza y, por otra, les produce la impresión de grandeza y superioridad. Responden a ese aspecto que captan en otros con una entrega entusiasta. Este caso de dependencia, tan frecuente, se da en el fascinarse; y es claramente distinto del caso de la sugestión. Ahí el *aspecto mismo*, "actuando" sobre la persona sugestionable de manera totalmente objetiva y eludiendo su centro consciente, *motiva* una dependencia consciente de modo completamente normal, y el resultado es una entrega vivida y motivada; mientras que en nuestro caso de la sugestión se establece una dependencia puramente objetiva de la que el influenciado no necesita saber nada. Y si sabe algo de ello, lo sabe a través de una tercera persona sin que por eso su saber convierta la influencia de ese tercero en un saber consciente[21].

Por eso, en estos desgraciados individuos falta no sólo cualquier relación con una esfera objetiva sino también cualquier verdadero vínculo con la persona influyente. A consecuencia de una constitutiva debilidad personal –como ya se dijo–, este tipo es generalmente incapaz de una motivación auténtica y, por tanto, tampoco es capaz de aquella respuesta racionalmente motivada a la superioridad de otro que se realiza en la subordinación a esa otra persona[22]. Más bien, no necesita poseer ninguna postura frente a la persona que influye; y si la tiene, no es ésta el fundamento de la dependencia. En lugar de una relación racionalmente fundamentada con la persona influyente, hay aquí directamente aquella eficacia objetiva y "dinámica" de la que hablábamos, cuyo carácter dinámico consiste en que por el mero hecho de que el otro sostiene decididamente una opinión se constituye una impresión de

21. Cf., además, las detalladas observaciones acerca de las distintas acepciones de lo "inconsciente" en *Moralidad y conocimiento ético de los valores*, ed. cit., pp. 103 y ss.

22. Esta falta de auténtica motivación se hace notar, sobre todo, en el ámbito de la respuesta al valor. En estas personas sugestionables, un deseo sensible, un miedo o un enfado superficial pueden existir también en la motivación normal; en cambio, en todas las tomas de postura en las que se actualiza la personalidad encontramos, por así decir, una suspensión de la motivación.

un objeto. Así como algunos no resultan "convencidos" por los argumentos del orador, su reputación o sus particulares rasgos fascinantes sino únicamente por la fuerza de su voz y la firmeza de su entonación; así también la decidida opinión del superior dinámico produce una impresión en el sugestionable que no está "fundada" en modo alguno: una impresión que se edifica más o menos inmediatamente sobre la otra persona, que se forma en el individuo influido más bien por el peso dinámico de la opinión ajena. Igual que en la hipnosis se suscitan impresiones en alguien mediante la decidida afirmación de quien hipnotiza (como cuando, por ejemplo, el hipnotizado ve aproximarse un tren cuando se le "sugiere" eso), así análogamente en el sugestionable se suscitan "dinámicamente" no percepciones sensibles sino "impresiones mentales" de todo tipo.

En el caso del hipnotizador, ese carácter exclusivamente dinámico de la conexión queda clara y totalmente al descubierto. Nadie reducirá la eficacia de la hipnosis a una particular relación de confianza entre el hipnotizador y el hipnotizado, que funcione como fundamento de una motivación específica particularmente efectiva. Por ejemplo, si confío tanto en un amigo que creo en la verdad de su palabra aun cuando yo perciba lo contrario, nunca "percibiré" sin más por ello lo que él afirma. Por tanto, no puede dudarse del modo objetivo, dinámico e inmediato en el que el centro de sentido de la persona es influido en la hipnosis, aunque esta clase de eficacia presente todavía grandes problemas.

Si bien en nuestro influjo sugestionador el carácter objetivo-dinámico no es tan patente —al no tratarse de percepciones sensibles que se susciten por otro sino de impresiones de "tipo intelectual"—, ello no impide que la eficacia sea análoga. Por tanto, estamos autorizados a designar esa forma de influencia como sugestionadora, pues el término "sugestión" corresponde de suyo a una eficacia dinámica empleada en la hipnosis y que incluso puede llevar a ilusiones. Sin embargo, en realidad el uso del término "influencia sugestionadora" ha de restringirse también en este caso nuestro. Sería completamente inadmisible calificar como influjo sugestionador la dependencia del "servidor fiel" al señor, o incluso la ayuda "mayéutica" antes tratada. El uso del idioma es aquí muy poco preciso, y con frecuencia se habla de influjo sugestionador donde se trata de un fascinarse o incluso del "seguimiento"[23] más alejado pensable de cualquier sugestión.

Aquí no podemos detenernos en investigar más detalladamente esta eficacia dinámica. Basta con tener claro lo que no es; o sea, que se distingue esencialmente de una relación de dependencia basada en una respuesta racional a alguna superioridad captada, y que el resultado de esa eficacia es totalmente peculiar. De manera que —y con ello volvemos de nuevo, desde la cuestión de la relación entre el sugestionable y el influyente, al vínculo entre el influido sugestivamente y los diversos ámbitos de objetos— también el modo como se realiza una impresión en él es de naturaleza completamente distinta a la que existe en el caso del "servidor fiel". Por ejemplo, el señor califica una casa como bella. El "servidor fiel", que en sí no percibe nada de belleza en la casa, la considerará desde entonces también como valiosa y bella. "Creerá" primeramente que la casa es bella porque lo ha dicho el señor; y después la rodeará de un cierto resplandor valioso como algo apreciado por su amado y admirado señor. Ese resplandor valioso, que por supuesto es claramente distinto de una belleza realmente captada, llegará a ser como un reflejo del valor que para el servidor posee su señor. Aquí, en la sugestión, es una persona dinámicamente superior quien afirma que

---

23. Este término ("*Nachfolge*") se refiere a la profunda relación espiritual entre un maestro o modelo y su discípulo, tal como desarrolló ampliamente Max Scheler y asumió después la llamada "teología del seguimiento de Cristo". (N. del ed.)

la casa es bella. Aunque el sugestionable no tenía antes ninguna impresión determinada, después la casa está ante él como bella de un modo como perceptible: ni "cree" al otro porque acaso le respete especialmente, ni resplandece sobre el objeto nada del valor que posee la persona influyente, pues él no necesita abrigar una especial confianza en la competencia del otro ni el otro está ante él como valioso. La impresión aparece más bien sin mediación de sentido. Como en el caso de la hipnosis, el mundo se tiñe de cualidades a través de la influencia dinámica y oscura del otro.

Como es lógico, el tipo que hemos caracterizado aquí constituye un caso extremo que como tal aparece únicamente en los psicópatas. Escogimos ese caso extremo para resaltar la peculiaridad de esa dependencia. Pero, en realidad, generalmente no se dará una suspensión completa ni de impresiones propias ni de tomas de postura normalmente motivadas; y esa anormalidad sólo se presentará en ciertos ámbitos y de manera incompleta. Por eso, la mayoría de las veces encontramos que *in concreto* existen además otras formas de dependencia que veremos más adelante, y que van de la mano con las formas de sugestión. No obstante, si ha de destacarse con nitidez esa dependencia según la sugestión, por un lado, y el poder espiritual de la influencia sugestionadora, por otro, debemos fingir un ejemplo donde ese tipo de influencia —que a menudo se presenta de manera parcial— domine a la persona entera.

Antes de que nos dediquemos a un nuevo tipo principal de dependencia, hemos de excluir brevemente algo que podría confundirse con la dependencia basada en la sugestión. En primer lugar hay que distinguir rigurosamente entre el tipo de persona no completamente segura y además específicamente modesta, que está inmediatamente dispuesta a ceder su opinión en favor de la ajena, y el tipo de persona sugestionable. A menudo encontramos personas que no reciben ninguna impresión muy clara y unívoca sobre determinados ámbitos, y que por modestia postergan fácilmente su opinión frente a una opuesta. Les gusta quizá un poema, pero su valor no está ante ellas de manera tan unívoca y clara que no crean fácilmente a otro si les dice que se equivocan o que no están en la verdad. Debido a una actitud general insegura y a la vez modesta, normalmente se inclinan a considerar competente al respectivo otro. Simultáneamente sucede: primero, que las impresiones no son claras ni unívocas; segundo, que se cede fácilmente la propia opinión; y finalmente, que no hay ninguna expresa subordinación al otro en virtud de una manifiesta superioridad de este (como en el "servidor fiel"). Pero con ello se agota la semejanza, pues aquí no falta ni la motivación normal ni el vínculo con aquel ante quien se posterga la propia opinión. Aquí se *cree* al otro en que tiene razón porque se le considera competente debido a la actitud general; por tanto, al menos se posterga la opinión a causa de una toma de postura racionalmente motivada, aunque no formalmente justificada. Sobre todo, no se da aquí la eficacia dinámica inconsciente, lo que también aclara que no aparece de repente una nueva impresión en lugar de otra, sino que simplemente no se otorga crédito a la propia impresión y, en cambio, se cree en el juicio ajeno.

Similar al dependiente por sugestión está –en contraste con este tipo del que hablábamos– el caso de quien específicamente "no opone resistencia", si bien aquí se dan diferencias características. Ciertamente hay gente que posee impresiones propias de la naturaleza valiosa de las cosas; y que sobre todo también son capaces de recibir, en la captada naturaleza valiosa de un objeto, el motivo de su toma de postura hacia él. Pero, debido a una "debilidad personal" general, no pueden sostener su postura frente a las concepciones y tomas de postura de otras personas dinámicamente superiores a ellas. Se "quiebran" cuando los otros se presentan con respectiva firmeza.

Análogamente existe aquí, como en el sugestionable, una "debilidad" que entrega la persona al influjo dinámico de otros. Pero, en primer lugar, existe la motivación normal; y, en segundo lugar, el influjo dinámico tiene sólo una eficacia *negativa*, es decir, sólo mueve a la persona a abandonar su postura. A consecuencia del influjo del otro, tal persona se separa del objeto hacia el que antes mantenía una postura racionalmente motivada,; no mantiene su impresión y abandona toda expresa postura frente a aquel. Pero la impresión ajena no irrumpe sin más en el lugar de la anterior, ni la persona deja que se le "imponga por su sugestión" –de modo meramente dinámico– una toma de postura no motivada. Pues estas personas a veces también sufren bajo esa influencia ajena, e incluso la temen, lo que no ocurre en el sugestionable. La influencia dinámica tiene aquí tanto poder sobre esas personas, que en un caso concreto puede reprimir su normal captación y respuesta ante los valores; pero no puede "producir" en ellas determinadas impresiones de bienes y quasi-tomas de postura hacia esos bienes. Con todo, a pesar de esta profunda diferencia en la eficacia del influjo dinámico, en este caso la clase de dependencia de otro es generalmente semejante a la del sugestionable en la medida en que el influjo –en la medida en que se dé– no resulta de una subordinación a otro debido a una superioridad captada en él, sino que es de naturaleza dinámica y elude el centro racional de la persona. Y esta diferencia es la formalmente más decisiva respecto a las clases de dependencia.

Un nuevo tipo de influencia se presenta en el "contagio" de sentimientos que encontramos especialmente en la llamada sugestión de masas. Dos personas discuten en la calle, por ejemplo. De repente una excitación se apodera de la multitud que se ha amontonado sin que uno que llega sepa de qué se trata. Ese tal se deja "contagiar" por la excitación de los demás. Hay aquí una profunda afinidad con nuestro caso de la dependencia por sugestión.

Primero, falta aquí –como allí– cualquier motivación racional. La excitación de ese individuo no está motivada por la discusión de las dos personas (como, por ejemplo, cuando alguien es testigo de un maltrato y responde con su indignación a la vileza moral del maltratador). Más bien, aquí la excitación acalorada sobreviene aun antes de tener preciso conocimiento del suceso por el que los otros se han excitado. En vez de "motivarse", también aquí la excitación en mí debe su existencia a un oscuro influjo que elude el centro de sentido de la persona. Por tanto, ella se suscita en la persona igualmente de una manera anormal. Segundo, aquí falta también cualquier auténtica subordinación a la persona influyente; ninguna cualidad captada en esta fundamenta una relación vivida con ella y de la que acaso se derivara la influencia.

Pero, a pesar de esta profunda semejanza, el "contagio" es algo esencialmente distinto de la influencia por sugestión. Primeramente, el contagio está esencialmente limitado a un determinado tipo de vivencias, a diferencia de la sugestión. Lo que en el contagio salta de otros a mí no son impresiones sobre bienes, sino "sentimientos". Mientras que en la sugestión los objetos se captan en una luz especial directamente en virtud del influjo ajeno, en el contagio las opiniones ajenas no pasan a mí de modo que los objetos se me aparezcan tal como el otro los ve, sino sólo la actitud del otro respecto a los objetos; y además, no se me puede contagiar cualquier actitud, sino tomas de postura que posean un especial carácter afectivo-emocional, o estados afectivos (es decir, sentimientos en el sentido estricto de la palabra, como inquietud, depresión, etc.), o también movimientos impulsivos de carácter afectivo (como cuando alguien echa a correr de repente y los demás corren también sin saber por qué). Además, los sentimientos que se contagian son siempre de naturaleza periférica. Es decir, por contagio no pueden surgir en mí ni auténtico amor, ni auténtica veneración, ni un profundo entusiasmo, ni un arrepentimiento genuino; ni tampoco un aborrecimiento del pecado, ni un odio profundo, ni menos aún un querer; tampoco un estado de profunda paz o verdadera serenidad (en el sentido de la *serenitas animae*). En cambio, sí pueden nacer así el susto, el miedo, la agitación, el desaliento vital, la rabia, el asco y la conmoción sentimental –en contraste con la auténtica emoción[24]–.

En segundo lugar, las tomas de postura y especialmente los sentimientos originados por contagio tampoco son inauténticos en el modo en que lo son las impresiones y tomas de postura de clase superior producidas por el influjo dinámico de la eficacia sugestiva. Pues a la esencia de esas tomas de postura profundas se opone el ser producidas dinámicamente, en vez de motivadas racionalmente, de modo totalmente distinto que a la esencia de las tomas de postura periféricas o incluso de los estados. Ciertamente, también los estados provocados por contagio –y con mayor razón las tomas de postura así generadas– son en esencia distintos de los motivados normalmente. Pero la rabia de la multitud originada por contagio, o el miedo pavoroso que sobrecoge sin percibir un peligro, existen realmente de forma completamente distinta y no comparten el carácter difuso de las quasi-tomas de postura del sugestionado.

Por último, en tercer lugar, el contagio no es una eficacia "dinámica". Aquí no hace falta una persona dinámicamente superior que intervenga en mi vida interior y la ponga en movimiento; ni tampoco es la verdadera "debilidad personal", que impide que una toma de postura sea motivada normalmente, la que crea la disposición al contagio. Más bien, el contagio está condicionado

---

24. Consideramos aquí el contagio auténtico. Muy a menudo se usa también este término, igual que el de "influjo sugestivo", de modo completamente ilegítimo: como cuando decimos que se me ha contagiado el entusiasmo de otros.

–entre otras cosas– por la especial cualidad de los sentimientos que se "contagian" y por la peculiar situación en la que esos sentimientos están perceptiblemente vivos. En tales momentos el aire se vuelve como cargado de agitación, rabia, miedo…; y ese "material sentimental" penetra desde "fuera" en nosotros como por los poros. Luego en lugar de "debilidad personal", lo que aquí funda el contagio es, por un lado, una especial sensibilidad en la esfera sensitiva de la persona y, por otro, un especial predominio de esa esfera. El tipo característico del ávido de sensaciones también goza directamente del contagiarse. La carencia de vida elevada y racionalmente motivada –que aquí resulta sofocada por la esfera sensitiva– se da en personas en las que el contagio de sentimientos desempeña un gran papel. Por otra parte, el ocasional contagiarse en situaciones especiales no dice mucho aún sobre la estructura de la entera persona completa, sobre todo cuanto más periférico y pasivo sea lo que penetra en mí de esta forma. Que el bostezo de otro se contagie es normal; que el cansancio de otro se contagie es, al menos, indiferente para la vida normal y libre de la persona. Que la risa de otro se contagie (piénsese, por ejemplo, en la "risa floja" que entre los niños de colegio se contagia sin que a menudo estos sepan el motivo de la risa, etc.) significa, desde luego, una cierta debilidad. Pero es una debilidad que, más allá de la constitutiva del ser humano caído, no prejuzga nada sobre la vida más profunda de la persona; y que además desempeña un papel muy periférico en la esfera de esa "fragilidad" general del ser humano caído[25].

25. Naturalmente, el contagio en la llamada sugestión de masas representa sólo un caso típico de contagio, no el único. Me puede contagiar la repugnancia de alguien ante una comida, la náusea de otra persona, el sonrojarse o el bostezar antes mencionado. Lógicamente, no podemos profundizar aquí en la forma particular de contagio, pues lo que nos importa en primer término es la delimitación del contagio frente a nuestro caso de una influencia por sugestión.

Sólo si se trata de "sentimientos" profundos (dentro de la esfera de los que pueden originarse de esa forma: por ejemplo, cuando por contagio alguien se enfurece, se descontrola en su alegría o entra en pánico), se manifiesta en el dejarse contagiar un abusivo predominio de la esfera sensitiva respecto a la vida anímica más elevada.

Finalmente, la profunda diferencia entre el "dejarse contagiar" y la influencia sugestionadora se manifiesta claramente en que aquel no presupone absolutamente ninguna peculiaridad –ni siquiera puramente objetiva– en la persona de la que parte el contagio, sino que está vinculado más bien al particular tipo de sentimiento y (como sobre todo en el caso de la sugestión de masas) a la situación. El que me contagia no necesita en modo alguno ser dinámicamente superior; puede ser igualmente contagiado por mí instantes después. Por eso, contagiarse no significa ninguna "sumisión" a otra determinada persona, sino una esclavitud respecto a la esfera general de lo sensitivo: cualquier persona puede contagiarme tanto como otra. Así pues, de antemano hay que excluir aquí una confusión con la relación autoritativa, al contrario que en el influjo por sugestión.

Después de que hayamos expuesto más nítidamente la dependencia e influencia por sugestión, delimitándolos respecto a otros fenómenos en parte análogos, nos ocuparemos de un nuevo tipo principal de dependencia ilegítima.

b) La dependencia como correlato del imponer

Con frecuencia encontramos personas que en su hablar y en su pose se rigen por otros porque estos les "imponen". Adoptan la forma de expresión del otro, imitan sus gestos, desprecian lo que el otro desprecia, admiran lo que el otro admira, renuncian a su opinión y aceptan la del otro cuando advierten que la suya contradice la de este. Decimos entonces que el otro les "impone" de modo que están por completo bajo su influjo y dependen de él. Por ejemplo, con cuánta frecuencia hallamos muchachos de trece a diecisiete años que imitan a otros –sobre todo mayores– que les "imponen" porque son más fuertes y altos, porque saben más, porque son más independientes, etc. Se hacen profundamente dependientes del otro sólo porque éste "les impone". Que alguien nos "imponga" representa un tipo totalmente peculiar de eficacia de una persona sobre nosotros, que hay que distinguir completamente de un infundir admiración o respeto. Si a veces también se emplea la expresión "imponer" para el caso de verdadera admiración, estima o incluso reverencia, ello significa –en el uso preciso de la palabra– un modo distinto y totalmente peculiar de impresionar. Ciertamente a veces podemos escuchar: "Ese hombre me impone por su altruismo". Pero, velando por la pureza de los términos, esa forma de hablar nos desconcierta siempre como descuidada; y precisamente por ello se pone de relieve que la palabra "imponer" designa un modo completamente distinto de "impresionar". Aquí debemos investigar el fenómeno que existe –cuando el término aparece aplicado correctamente– y mirar hacia donde el vocablo se encuentra como en su casa: como en el caso del muchacho o también del advenedizo respecto a la actitud que imita erróneamente y cuyos aires intenta adoptar porque el otro le "impone"[26].

Igualmente aquí, como en el caso del sugestionable, queremos fingir un caso en el que la dependencia y sus presupuestos subyacentes existan en "estado puro" para reconocer claramente en su peculiaridad esta forma de dependencia. Sin embargo, aquí también debemos tener presente que las personas que *in concreto*

---

26. De manera magistral describe Dostoievski el querer-imponer y el dejarse imponer en distintas obras: por ejemplo, en la figura del muchacho Kolia Krasotkin, en *Los hermanos Karamazov*, que querría imponerse a los otros chicos y a la vez dejarse imponer por otros mayores.

caen bajo este tipo no tienen por qué estar totalmente imbuidas, ni permanentemente ni en todas las dimensiones de su esencia, del espíritu subyacente a esa dependencia. Lo que aquí llama primeramente la atención es que las personas de este tipo aborrecen toda forma de subordinación reverencial (como la que hay en cada respuesta pura al valor, o como la que nos exige todo auténtico valor). Su meta es no necesitar de nadie, no dejarse impresionar ni afectar por nada, estar por encima de todo; y, en cambio, obligar a otros a una admiración apabullante. Por ejemplo, el muchacho al que le impone otro estudiante y su libertad se esfuerza por mostrar que es totalmente independiente, que no se deja convencer de nada por nadie, que nada le puede sacar de quicio, que él mismo sabe lo que tiene que hacer, que sus padres y maestros no pueden impresionarle, que "adivina" las intenciones de sus maestros cuando le mandan o aconsejan; en resumen, que no se subordina de ninguna manera, sino que "está totalmente por encima". No es receptivo respecto a la importancia intrínseca de lo objetivamente valioso. La belleza de una obra de arte o la pureza y humildad de una persona no son capaces de moverle como tal; pero no porque en general sea incapaz (como el sugestionable) de una motivación racional en su vida emocional, sino porque en gran medida está ciego para los valores. Muy bien puede moverse por determinadas cualidades: si algo se le antoja "distinguido", se decidirá inmediatamente por ello con toda determinación y tenacidad. Su interés vital se despertará por todo lo que parezca enaltecer su persona, principalmente por lo que prometa proporcionarle cierta conciencia de independencia, de fortaleza y de "estar por encima".

Todas las cosas que se le aparezcan a esa luz de la "superioridad-prestada" muy bien pueden motivar racionalmente en él tomas de postura como respuestas, pero no los auténticos valores como valores, pues –a causa de su orgullosa actitud fundamental– es incapaz de comprender la excelencia de los valores en sí y su sig-

nificado propio. Como todos aquellos en quienes el yo orgulloso
ha logrado la hegemonía, está ciego para los valores[27]. La belleza
intrínseca del mundo de los valores permanece para él, en su actitud egocéntrica, cerrada e incomprensible. Pero, a diferencia de la
ceguera al valor del orgulloso en general, aquí encontramos otra
especial particularidad: una inseguridad precisamente en el saber
aquello que permite a la propia persona elevarse. No sólo no tiene
realmente claros los valores que no entiende, sino tampoco lo que
específicamente les interesa a individuos de este tipo (lo "distinguido", lo "impresionante", lo que en otros impone admiración).
Se encuentra confuso respecto a lo que en el individuo fundamenta la "virilidad", la "independencia", la autarquía: en una palabra,
el ser-más y el valer-para-más –a diferencia de otras formas de orgullo, como la del fariseo o la de tipo satánico–. Precisamente
lo que no puede entender ni comprender tiene para él la aureola
de lo importante e interesante. Hay aquí una gran inmadurez y
una específica inferioridad espiritual. La persona que depende de
otros porque "le imponen" tiene, aparte de su orgullo, una cierta
estupidez. Esto también está estrechamente relacionado con que
ese tipo de persona busca la satisfacción de su orgullo de un modo
relativamente periférico: su imagen social está en él totalmente
en primer plano, al contrario que el orgulloso satánico. El que
otros le tengan por importante ya le basta como fundamento de
lo que satisface su vanidad; se siente ya fuerte e independiente
cuando es considerado así por otros, o cuando consigue adoptar
una postura exterior en la que parece manifestarse una auténtica
seguridad. Pero no es como si le bastara, como a un impostor,

27. Más adelante entraremos con más detalle en esto, cuando tengamos
que considerar las raíces de esta forma de dependencia en la persona. Cf., sobre
ello, mis reflexiones acerca de la ceguera total para los valores, en *Moralidad y
conocimiento ético de los valores*, ed. cit., pp. 89-96.

engañar a otros. No, sino que se siente a sí mismo superior en la actitud que produce impresión en otros; la realidad gestual sobre la que se edifica una determinada imagen social sustituye en él la conciencia de auténtica superioridad. Por eso tales individuos son los típicos "presuntuosos", derrochan expresiones que den a otros la impresión de seguridad y de "estar por encima"; pues los gestos de seguridad que impresionan a otros llenan en ellos el lugar de la verdadera seguridad. Pero, aunque típicamente se hagan los "presuntuosos", son específicamente distintos del fanfarrón vanidoso, bonachón e infantil (del que Falstaff, de la homónima ópera de Verdi, es un típico ejemplo). No quiere seriamente estar por encima de otros; le basta con ser admirado por ellos: su ambición no se dirige primariamente al "no dejarse impresionar" o al "adivinarlo todo", sino que quiere recrearse en la buena opinión que los demás tienen de él. A veces les miente, cuenta cosas excelentes de sí mismo; en cambio, el presuntuoso se "ve" a sí mismo bajo una luz que impone, cree en su gesticulación artificial y vive en ella. Una mentira consciente no podría bastarle[28].

Así pues, la imagen global del que cae en esa dependencia del imponer sólo resalta con total claridad si profundizamos aún más en la relación con el que impone. Primeramente, ¿qué cualidades se deben poseer para que uno imponga a otros? "Impone" específicamente el fuerte, el enérgico, el valiente, el seguro de sí, el autónomo o el genial, el que todo lo puede, el que todo lo sabe o el "distinguido". El adulto que es independiente y que se presenta seguro de sí mismo sin desconcertarse por nada, o el más fuerte física y

---

28. Ciertamente, hay también presuntuosos con un punto de histerismo que mistifican su entono para hacerse los interesantes. Pero, en primer lugar, este caso no es el típico para nosotros, pues está más condicionado por la histeria del sujeto que por el factor del "querer imponer"; y, en segundo término, esos individuos creen sólo a medias lo que aquellos aparentan ante los demás. Tampoco hay aquí una mentira consciente y astuta.

mentalmente que no teme a nada y puede dejar perplejos a los demás, impone quizá a los jóvenes adolescentes. El sabio "impone" al poco formado; el "distinguido" que siempre sabe comportarse con seguridad, o el elegante que puede "presentarse" bien, "impone" al burgués o al advenedizo. En cambio, los valores morales no pueden "imponer" en sentido estricto. El humilde, el puro, el desinteresado, el inflamado por un amor compasivo, no "impone": los individuos del tipo que consideramos no se interesan por éste; él no les causa ninguna impresión. Esto tiene un motivo profundo. Para ellos nunca es el valor como valor lo que otorga al otro esa importancia; pues les falta una comprensión de la importancia inmanente de los valores, así como un puro interés por éstos. Aquí uno me impresiona y está como por encima porque posee cualidades que para mí representan ser-más y ser-importante, y que además no poseo pero quisiera poseer. Y el otro me impresiona porque me hace inseguro y porque no puedo sentirme superior a él. En la medida en que auténticos valores extramorales (como valentía, energía, aptitudes de todo tipo o sabiduría) puedan obrar en ese sentido, no lo hacen como valores; de modo análogo a cuando admiramos a una persona valerosa o enérgica, o cuando apreciamos a un sabio o a un musicalmente dotado. Esos valores tienen más bien la simple función de rodear a quien los posee con un nimbo de ser-más que obliga al otro a abandonar su vacío y artificial sentimiento de seguridad y de superioridad, y que quiebra de nuevo su profunda inseguridad interior. Esto también se confirma cuando observamos que uno "impone" con las cualidades recién citadas sólo en la medida en que el otro no posea propiamente esas cualidades.

Mientras que el hombre incluso moralmente prestigioso, el justo, puro, humilde y bondadoso admira a otros que son justos, humildes y bondadosos, otro impresiona a la persona de este tipo —y está ante él como "superior"— sólo en la medida en que éste ve en ese otro cualidades que él mismo no tiene y no comprende exactamente. Y mientras que un individuo con una actitud fundamental de respuesta a los valores admira al individuo noble, puro y bondadoso tanto más cuanto mejor conoce las virtudes que advierte en el otro, el individuo que ahora nos ocupa pensará que adivina "la prioridad" del otro y que con ello estará por encima de él en cuanto crea conocerle. Respecto al nimbo que esa superioridad confiere al que impone, es condición precisamente el no-conocer y no-comprender sus ventajas: pues en este tipo arrogante y sin respeto, que únicamente conoce dos modos de ser –*o sentirse superior o sentirse inseguro ante el otro*–, algo impresiona sólo en la medida en que él crea no conocer propiamente ese algo. El mundo en general obra sobre él de forma parecida a como sobre nosotros lo haría un prestidigitador, cuya capacidad sólo nos desconcierta en cuanto no adivinamos cómo "lo hace". Por tanto, ya en la pregunta de qué hace alguien imponiendo y por qué lo hace imponiendo, vemos que la relación entre aquel al que alguien impone y el que le impone está muy alejada de la veneración o la subordinación del "servidor fiel". Pues no son valores como valores los que se hacen "imponer" a los otros –como, *mutatis mutandis,* en el digno de respeto–, sino cualidades que le prestan el nimbo del "estar por encima", de la independencia, etc.; pero de tal manera que esas cualidades mismas no son plenamente comprendidas en su esencia y en su fundamentación. Los valores serán tanto peor entendidos en su peculiaridad como valores, y concebidos como meras "funciones" de la persona en quien se manifiesta su superioridad, en la medida en que puedan despertar interés en tales individuos según su capacidad de actuar de cara al exterior, como aquellas otras cualidades. Por eso los valores morales entran mínimamente en consideración, porque en ellos se da el mínimo motivo para esta reinterpretación; y cuanto menos sea posible esta reinterpretación "cuantitativa" de la virtud, menos es posible tomarla en consideración como un "imponer". Así, en este sentido se prefiere reinterpretar la justicia como autodominio, la paciencia como moderación, la pureza como tenacidad. Sin embargo, esta reinterpretación como función, este comprender con la categoría de la mera "cantidad", es menos posible cuanto más elevada y central sea la virtud; por eso, este intento fracasa por principio con la humildad, la santa obediencia, la veneración o el amor puro que no se detiene ni ante el enemigo.

Si nos preguntamos por la peculiaridad de la relación entre la persona del tipo que estudiamos y el que impone, hemos de distinguir diferentes casos. A veces alguien se encuentra con un "arrogante" que no posee en modo alguno las cualidades que le atraen y de las que querría apropiarse; la actuación de ese alguien respira más bien sencillez, humildad y relajada serenidad, de manera que su esencia no sólo hace fracasar todo intento de imponer, sino que a su alrededor también se difunde una atmósfera de auténtica grandeza y veracidad que puede privar de toda seguridad al arrogante. Éste no puede sostener ante el otro su artificial actitud de superioridad; se encuentra en jaque por su entera existencia vital absolutamente contradictoria, y no sólo por su incomprensión de los fundamentos. Ciertamente, el otro le impresiona también por una seguridad superior a él; pero es una seguridad que reside totalmente fuera de él, y en la que busca apoyar su conciencia de ser-más y de independencia. El modo como se comporta con el otro ilumina lo típico del caso. Quiere copiar del otro no aquella seguridad –además siente demasiado la absoluta contradicción en que aquí tampoco le parece que haya el auténtico ser-más al que aspira–, sino que quiere desplazar la impresión del otro, que le amenaza en su fundamento existencial, y conseguir sentirse de nuevo "por encima" del otro. Él está inseguro no porque el otro aparezca como superior, ni porque posea rasgos que el arrogante querría tener y no tiene y cuyo fundamento concreto no comprende, sino porque le saca de quicio un mundo que le es completamente ajeno. Este caso no puede categorizarse como una forma de dependencia por la que el otro imponga. Es verdad que es una situación típica en la que cae el arrogante, pero no aquella en la que el otro le impone; pues no es impresionado por él y no se dirige según él. Por eso, tampoco es ninguna objeción contra nuestra afirmación anterior el que los valores nunca imponen, tampoco cuando en este caso una verdadera irradiación de plenitud de valores objetivos paraliza a los arrogantes en su "actuación". Pues la impresión que hay aquí se constituye, en un examen más detallado, como algo completamente distinto del imponer.

Por el contrario, ocurre algo totalmente distinto cuando el otro irradia un ser-más, una seguridad e independencia, un "estar por encima": es decir, cuando está rodeado del nimbo tras cuya posesión va la aspiración y el empeño de nuestro tipo. Luego a él no se le tapa la boca ni se le expulsa violentamente de su posición fundamental, sino que se le impresiona por el sentido de esa posición y gracias a ella; se enfrenta a algo que precisamente –en su opinión– querría poseer, aunque no sabe todo lo que en concreto se precisa para "ser así".

Cuando este individuo se encuentre frente a esos otros que "le imponen" en el sentido propio y pleno de la palabra, querrá participar de su "superioridad" según un doble modo: primero, unificándose con ellos en una unidad tal que la superioridad de estos también se le atribuya a él; segundo, asemejándose a ellos lo más posible, de modo que él mismo posea el "ser-más" de ellos. Se hará el simpático ante ellos para, gracias a su vinculación con ellos, quedar por encima de los "otros" y poder imponerles. Un ejemplo típico de esto es el muchacho que se congracia con hombres jóvenes adultos para pertenecer a ellos como "hombre joven" independiente, y que así se siente elevado por encima de sus coetáneos buscando con ello imponer a estos. Pero a la vez imita a los mayores para apropiarse de su superioridad. Naturalmente, no reconoce que ellos le impresionen y que se sienta inseguro ante ellos, sino que se comporta respecto a ellos con los gestos de quien no se desconcierta por nada, de quien "lo sabe todo desde hace mucho tiempo", etc.[29].

La postura respecto al que impone experimenta una modificación especial cuando éste rechaza el intento de congraciarse de otro. Como entonces la posibilidad de participar de la superioridad de otros –mediante un "sentirse incluido" o "contar para otros"– fracasa, junto a la tendencia a copiarle al otro su superioridad surge el intento de elevarse sobre los demás y de imponerles. Esta modificación es importante para nuestro problema en la medida en que en ella se manifiesta claramente cómo el arrogante no posee ningún verdadero interés por el que impone; de lo cual pasaremos a ocuparnos ahora.

Para el análisis esencial de la relación entre el arrogante y el que impone sólo entra en consideración el caso del auténtico "imponer", sea en la forma primeramente mencionada o en la modificación especial. En cambio, la "paralizante" impresión sobre el arrogante –antes mencionada– por parte de quien está seguro de sí por su plenitud valiosa, queda excluida de nuestro problema. Pues aquí no puede hablar de una auténtica dependencia: únicamente en el auténtico imponer tiene lugar una modificación en alguien por el influjo de otro; aquí el arrogante sólo cae en una singular esclavitud.

Si retomamos ahora la cuestión de en qué tipo de relación se encuentra el arrogante respecto del que impone, inmediatamente vemos que aquí no hay ninguna subordinación. El arrogante,

---

29. Por eso en la actitud del arrogante hay -a diferencia del profundamente orgulloso, que en su soledad llena de resentimiento rehúye toda comunidad- una tendencia a lo corporativo, lo que naturalmente también está relacionado con el peculiar papel que para este tipo desempeña la imagen social.

que no es capaz de ninguna respuesta al valor y que más bien experimentaría tal respuesta –a causa de su subordinación implícita– como una quiebra de su superioridad, naturalmente es aún menos capaz de una sumisión simple y manifiesta. Querer ser superior, que por nada le saquen de la actitud de "estar por encima", es el rasgo fundamental del individuo que cae bajo este tipo. La veneración, el respetuoso alzar la vista hacia otro, el conmoverse por una emoción auténtica, el sentirse más pequeño que otro, el obedecer: todo ello le resulta de lo más odioso. Eso significaría para él una degradación de sí mismo. El nimbo del fuerte, del independiente, del seguro, del superior que envuelve a ese otro, el cual "puede" y "sabe" muchas cosas que él ni puede ni sabe, y que se atreve a muchas cosas a las que él no se atreve: todo esto le lleva a una dependencia efectiva del otro. Le imita para participar de esa superioridad y por miedo de hacer el ridículo si él no es como el otro. Ahora bien, es tan grande la dependencia objetiva que no puede hablarse de una verdadera subordinación. Pues, en primer lugar, tal individuo sólo concibe la superioridad como una preeminencia cuantitativa que desearía suprimir lo antes posible. Su objetivo es, mediante su imitación, superar la inseguridad que el otro le provoca; poder sentirse, en lo posible, superior al otro. En cuanto haya la más mínima posibilidad de sentirse por encima del otro, lo hará con alegría. En segundo lugar, jamás reconoce esa superioridad, sino que querría suscitar la apariencia de que nada le impresiona. Si tuviera que decir: "este hombre realmente me impone", intenta entonces –precisamente mediante esa manera de expresarse– evitar cualquier apariencia de respeto y plantarse en su posición como completamente seguro y firme[30].

---

30. El término "imponer" nace propiamente de esta actitud. En él reside la manera cuantitativa del impresionar, el intento de manifestar la firme posición en la que -pese a estar impresionado- se pretende permanecer.

Finalmente, le falta completamente la *entrega* al otro; la cual se halla incluida en la auténtica subordinación. Se queda totalmente en sí mismo y no se ocupa en absoluto del otro; ni siquiera se interesa realmente por él. No necesita tener ninguna simpatía por él y es absolutamente incapaz de amor auténtico. El otro le atrae sólo porque querría copiarle lo que a aquel le hace superior y ser-más, y porque a la vez le desconcierta y le produce inseguridad: es decir, porque le gustaría arrebatarle su nimbo. Pues, un individuo para quien sólo cabe la forma de dependencia de que alguien le imponga, siempre querrá imponer también a otros. *Dejarse imponer y querer imponer están necesariamente conectados.* Pero aunque aquí no hay auténtica subordinación, esta forma de dependencia es completamente distinta de la del sugestionable. Ya que, con todo, aquí la dependencia está basada en cualidades que se captan en el otro. En la medida en que el captado nimbo del autoritario, del independiente, etc. atrae al arrogante y a la vez le hace inseguro, ese nimbo funda esa dependencia imitadora. No es un influjo pura y objetivamente eficaz y dinámico, que rodea el centro de sentido de la persona, lo que constituye la dependencia; sino que es una cualidad del otro, captada por la persona, lo que *motiva* la dependencia. Puede que dicha cualidad sea solamente un nimbo cuya constitución presuponga un no comprender sus fundamentos, o incluso puede que sea difícil justificar tal dependencia, pero en todo caso hay una relación de motivación: la dependencia está fundada en una cualidad captada. Por ello esta forma de dependencia se distingue por principio de la forma de la sugestión. Ella se halla *dentro* del ámbito de la motivación racional; la sugestión, *fuera*.

Pero, además, es completamente distinta también según el resultado de la influencia. Pues mientras en el sugestionable la persona dinámicamente superior "produce" directamente impresiones de bienes y tomas de postura hacia ellos –aunque no motivadas por ellos–, el influjo aquí es indirecto y penetra menos en la constitución de la persona. Indirecto: pues el que impone no produce de modo dinámico determinadas impresiones de bienes en mí, sino que su superioridad confiere a todo lo que él elogia y aprecia el carácter de "distinguido", "importante", por lo que uno debe interesarse si no quiere "quedar en ridículo". Quien se deja imponer cede su propia opinión en cuanto el que impone expresa una distinta; y lo hace desde su profunda inseguridad interior. Deja de repente en la estacada todo lo que teme que un apego a ello pueda "degradarle"; y, así, todo lo que el que impone desaprueba se convierte de pronto en despreciable y en algo que "se debe mirar con desdén". Ciertamente, en este típico "traidor" falta no sólo la comprensión de los valores, sino también comprender por qué –en el sentido de su intención– él es superior y "más", y por qué todo lo que antes le impresionaba desaparece sin más tan pronto como alguien que le impone lo trata como "inferior". Él no se comporta como el "servidor fiel"[31], ni como el modesto inseguro que ciertamente ya no cree su impresión pero que de momento la mantiene en pie; sino que lo antes admirado se derriba de su pedestal, se desmorona tan pronto como el que impone lo mira con desprecio. Sin embargo, a pesar de su inmediatez, esa eficacia está fundada en una cualidad captada en el otro. Que el superior mire despectivamente una cosa le hace inseguro de su impresión y confiere a esa cosa el carácter de lo inferior. Por tanto, la impresión de inferioridad reside al fin y al cabo en el objeto como rechazado por alguien que "impone", sin que con ello se reconozca ese origen ante la conciencia propia o ajena. Por consiguiente, aquí no cabe

---

31. Ciertamente, en el "servidor fiel" también todo recibe una nueva cualidad como apreciado o despreciado por su señor. Pero la nueva impresión transferida convierte la anterior en "ilegítima", no deja que se disuelva sin más en la nada.

hablar de una producción dinámica de la impresión en mí a través
de otro, como en la sugestión. Al menos la nueva impresión se realiza de un modo que no esquiva el centro de sentido de la persona,
si bien de manera muy injustificada. Por otro lado, la inmediatez
de la eficacia se debe a que este tipo de persona, en su inferioridad, carece absolutamente de impresiones sólidas y objetivamente
fundadas; pues está tan ciego para los valores como asimismo inseguro en la determinación de lo apropiado para elevar realmente
su prestigio. Por eso las cosas que le interesan están ante él sólo
con un nimbo vago y no profundamente fundado, como lo que
pertenece al ser-más por el que se interesa; un nimbo que puede
desmoronarse sin más, porque no está fundamentado real y claramente en la cosa. Pero, en el caso de quien impone, el resultado del
influjo es completamente diferente del de la sugestión también en
otro sentido. Pues mientras que en el sugestionable una toma de
postura no es normalmente motivada ni siquiera por la impresión
"producida", sino que las tomas de postura referidas a la impresión
son producidas por el otro de forma igualmente dinámica, aquí la
nueva impresión motiva realmente una toma de postura de ayuda
interesada. Naturalmente, en este tipo quedan excluidas muchas
tomas de postura (como entusiasmo, veneración, auténtica admiración, pura alegría, etc.); pero no porque falte una auténtica motivación, sino a causa de su actitud fundamental orgullosa que excluye toda respuesta al valor. Por eso, la motivación del interés no
se debe tampoco a una cualidad de la cosa como tal, sino siempre
al hecho de que interesarse por ello le parece a tal tipo de persona
una elevación de sí misma.

En esta forma de dependencia juega un papel especial la imitación de las posturas de quien impone: incluidas su porte físico,
su tono de voz, su modo de hablar, su forma de andar, etc. El dependiente adopta la forma expresiva, la marcha, el tono de voz…
en una palabra, la "actuación" de quien le impone, porque con

ello quiere apropiarse de la seguridad y naturalidad del otro; sobre todo, porque con ello querría imponer a otros. Basta pensar en la "jerga" que, nacida de la actitud del querer imponer, sigue heredándose de esa manera[32].

También el sugestionable adopta a veces el tono de voz y las maneras del otro. Pero mientras que en nuestro caso esa forma de adoptar se halla específicamente en primer plano e incluso configura la esfera más propia, en el sugestionable dicha forma puede igualmente faltar y nunca es en él una esfera principal de influencia[33]. Además, el adoptar una postura ajena es aquí una *imitación*; en el sugestionable, por el contrario, un mero *colorear*. Éste no quiere en modo alguno poseer esa semejanza; y además no se siente bien en ese *habitus* asumido, sino que sencillamente sucumbe a la forma de ser del otro. En cambio, aquí uno adopta la forma del otro porque querría apropiarse de la superioridad de éste –aunque sin un conocimiento expreso de ello–, y se siente específicamente bien en esa postura porque ella apoya la autoconciencia vacía.

Los presupuestos en la persona, por los que ella se hace dependiente de otra, son también completamente distintos en el suges-

32. Efectivamente, hay toda una "jerga" en la que se ha plasmado la actitud de este tipo de persona. Expresiones como "colosal" y "elegante", "irreprochable" y "aguerrido" son alabanzas nacidas de esa actitud. Hablar de "funcionamiento" o de "trastos" en las ceremonias más serias, calificar personas venerables como "tíos ingeniosos" o aseveraciones como "yo no me dejo engatusar" pertenecen a esa jerga; y también, sobre todo, la propia expresión "imponer", especialmente en la forma "esto le impone enormemente".

33. Que precisamente esta esfera juegue un papel tan central en el imponer está relacionado, como se puede ver fácilmente, con la peculiaridad material del caso. El orgullo vacío -donde, como vimos, el impresionar posee una función esencial, a diferencia del profundo orgullo del satánico que anhela el poder último- y la inferioridad condicionan aquí que el otro busque en los hábitos exteriores el apoyo principal de su petulante autoconciencia. También aquí se puede ejercitar el "copiar" de la manera más fácil.

tionable y en el que se deja imponer. En el sugestionable se da una debilidad personal constitutiva que implica una anómala caída de la motivación, y que es muy semejante a una anomalía patológica; aquí hay una actitud fundamental orgullosa de un tipo especial que podríamos calificar como específicamente arrogante, unido a una superficialidad e inmadurez inferiores. Y, en consecuencia, el sugestionable se vuelve dependiente a causa de la eficacia puramente objetiva de la superioridad dinámica del otro; en cambio, el que se deja imponer se hace dependiente a causa de la seguridad y el autoritarismo que él cree *ver* en el otro.

Resumamos brevemente de nuevo lo que caracteriza esta forma de dependencia. El tipo que específicamente está expuesto a la influencia del imponer se distingue por una actitud fundamental orgullosa y a la vez específicamente superficial e inmadura. A diferencia del sugestionable, él tiene de suyo determinadas impresiones y ellas motivan también sus tomas de postura; pero él sólo ve una determinada categoría de cualidades, que constituyen el ser-más y el estar-por-encima, y además sólo las ve en su aspecto exterior y periférico. Está ciego para los valores. Asimismo, su impresión de que algo pertenece al "ser-más" o a la "superioridad" tiene los pies de barro, pues no se funda en propiedades de las cosas realmente comprendidas. Su atención está ciertamente motivada, aun siendo anómala: únicamente se interesa por algo en relación con él mismo. Sólo porque querría "ser-más" se interesa por todo lo que pueda servir a ese fin. La dependencia que aquí se constituye modifica sobre todo las impresiones y su conducta y actuación exteriores. Las opiniones de quien le impone poseen una eficacia fuerte e inmediata sobre las suyas propias, sobre impresiones tan débilmente fundadas: por la opinión del otro todas y cada una de las cosas pierde su nimbo o recibe otro. Pero aun así, la eficacia es indirecta; sin eludir –como en la sugestión– el centro de sentido consciente con una franqueza objetivo-dinámica.

Una dependencia especial la encontramos también en las tomas de postura en la medida en que no son motivadas por la cosa sino que se realizan sólo por imitación: tomar postura del modo correspondiente le parece "distinguido", al modo de un "adulto": en una palabra, perteneciente al hombre independiente y que está por encima. Pero, sobre todo, esa dependencia la encontramos en el obrar de tal persona. Hará lo que haga quien le impone, y omitirá lo que éste omita; y esto, sobre todo, en los hábitos exteriores: copiará la forma de hablar, los gestos, el tono de voz; en suma, la entera actuación del otro, pues precisamente desde ahí surge su conciencia de superioridad y seguridad.

La relación con quien impone la encontrábamos caracterizada por los siguientes aspectos:

Primero, no es un valor objetivo en el otro lo que hace que éste "imponga", sino el brillo de autoritarismo que envuelve el "poder-mucho", el "superar-todo", el "no-impresionarse-por-nada" o "no amedrentarse ante nada"; y, sobre todo, el no someterse o subordinarse a nada, ni reconocer ninguna autoridad. Donde los valores objetivos en quien impone contribuyan a la impresión, ellos son malentendidos o reinterpretados en rendimientos cuantitativos.

Segundo, no existe aquí ninguna subordinación. El individuo en cuestión no reconoce ante sí ni ante los demás la superioridad del otro; ni posee un interés real por el otro. Pues también el nimbo del "ser-más" le ata al otro sólo en la medida en que quiere copiarle o traspasarlo a sí mismo mediante un "pertenecer-a-él". En todo momento está dispuesto a abandonar al otro en cuanto ya no lo considere útil para el aumento de su propio ser-más.

Aquí falta una entrega, pero sobre todo una expresa subordinación; tanto más cuanto que para este individuo cualquier someterse, y en primer lugar la interior subordinación reverente, representa la bofetada más grande. Eso sería la renuncia a su posición vital edificada sobre la arrogancia. Por otra parte –a diferencia del sugestionable–, hay aquí una dependencia "motivada", porque son determinadas cualidades captadas en el otro las que inducen a esa imitación y exponen las opiniones del afectado a la influencia del otro, y no un influjo dinámico de eficacia puramente objetiva.

Finalmente, queda por distinguir todavía un fenómeno emparentado con la forma de la dependencia recién tratada. A veces, por ejemplo, decimos de los campesinos llegados a la ciudad que el habitante urbano les impone mucho. Le miran con la boca abierta; les desconcierta que éste lo sabe todo y cómo acierta a comportarse. No raramente este motivo aparece en comedias y chistes. El campesino es explotado y atrapado en la medida en que se le "impone". Ciertamente, no está completamente injustificado emplear aquí ese término; y, sin embargo, se da una situación esencialmente distinta de la forma propia del imponer.

Son parecidas las cualidades que aquí posee quien produce impresión: seguridad, soltura, saber mucho, riqueza, elegancia, elevada posición social, distinguida estirpe de origen, poder mucho, etc. Es común el elemento "cuantitativo" en lo que produce la impresión; y es común, además, que las cualidades deban faltar en aquel sobre quien producen impresión. Es común que la impresión revista el carácter del "desconcertar" y que haga inseguro al otro. Pero ya en el tipo de inseguridad se verifica una profunda diferencia. El campesino está embobado, como solemos decir, y se siente desamparado frente a la seguridad refinada. Pero lo que le sobreviene no es una inseguridad que –siempre latente y sólo sobrellevada por un artificial aire de seguridad– aquí simplemente irrumpe, como la que se da en el verdadero imponer. Y además su inseguridad no se origina porque ya no pueda darse renombradamente la apariencia de superioridad, sino porque ingenuamente se siente pequeño ante la superioridad del otro. Por eso, él reconocerá tranquilamente su "inferioridad".

Pero, sobre todo, las cualidades que hacen al otro tan impresionante tienen una función completamente distinta. Representan auténticos valores para una actitud ingenua. Como para el niño, en el cuento, el príncipe y la princesa que viajan en una carroza dorada y son inmensamente ricos, o el hombre que es tan fuerte que él solo puede vencer a un ejército, están rodeados de un resplandor de los auténticos valores porque esas cualidades son concebidas como expresión evidente de la plenitud de valores, lo mismo sucede aquí. Los seguros, los ricos, los elegantes, etc. le parecen a él precisamente reales como "personas superiores". No le impresionan porque esas cualidades del ser-más eleven su autoritarismo ni porque halaguen su arrogancia, sino porque le transmiten la apariencia de auténtica superioridad de valores. Esto lo reconocemos especialmente en que en este tipo de persona ingenua falta por completo la reflexión sobre sí misma. Un individuo de este tipo no es soberbio en su actitud fundamental –de modo que el mundo tuviera para él interés solamente como adorno personal–, ni en su contacto con los otros está primariamente orientado a apropiarse de algún modo de la superioridad del otro o a participar de esa superioridad. Sobre todo, el desconcertado campesino no tiene la postura general de querer imponer. Por tanto, aquí se da una disposición global totalmente distinta de la de nuestro caso. Más bien, en realidad el campesino se impresiona por la presunta "grandeza" del individuo superior y la admira siceramente. Por consiguiente, hay al menos una respuesta al valor, si bien muy primitiva y rudimentaria, en caso de que a veces también se esfuerce por imitar a los de la ciudad en comportarse como corresponde, etc. En lugar de inmadurez inferior e ignorante, tenemos aquí inmadurez ingenua y gran primitivismo. El defecto reside en que la "respuesta" tiene lugar de modo "cuantitativo"; por otro lado, falta la viva relación con los valores auténticos que proporcionan la norma que protege de ese "desamparado" estar abandonado.

De manera que el presupuesto de esa dependencia se compone de un cierto primitivismo y de una inconsciencia en la orientación al mundo de los valores; lo cual provoca que la persona en cuestión no pueda distinguir lo "auténtico" de lo "inauténtico" y se deje atrapar completamente por lo externo.

Así, también en este caso la dependencia es ciertamente ilegítima, pero en un sentido totalmente distinto del "dejarse imponer". Pues al menos en la dependencia subyace formalmente una respuesta al valor; aunque es muy ciega y con un fundamento muy poco claro, en la medida en que el fenómeno de lo real y objetivamente valioso todavía no se ha destacado claramente respecto a todo lo demás.

Se podría originar otra confusión consistente en que las mismas cualidades que son capaces de imponer puedan producir impresión de otra manera completamente distinta. La "seguridad", la "independencia", el "entender y poder todo", el "no desconcertarse ni impresionarse por nada", pueden fundar también una entrega exaltada en lugar de "imponer". Pero entonces se da algo completamente nuevo: ahí el individuo se "fascina" por la otra persona.

¿Hay una legalidad propia de la pedagogía?[*]

Por todas partes se habla hoy de legalidad propia de las esferas de la realidad y la cultura, o de su autonomía. La legalidad propia de la política o de la economía se ha convertido en un eslogan, y sin embargo el concepto de legalidad propia no es en absoluto unívoco. Por eso, al tratar nuestro tema particular, "¿existe una legalidad propia de la pedagogía?", nuestra primera tarea debe consistir en reconocer claramente en qué sentido puede hablarse en general de legalidad propia; es decir, mostrar qué se entiende con pleno sentido por legalidad propia. Con ello se mostrará enseguida que este concepto se emplea equívoca o ambiguamente; y que, sobre todo, hay dos cosas completamente distintas que se caracterizan indistintamente como legalidad propia.

---

[*] *Gibt es eine Eigengesetzlichkeit der Pädagogik?*, en *Gesammelte Werke* VII, ed. cit., pp. 375-397. Primeramente aparecido en *Zeitliches im Lichte des Ewigen*, Habbel, Regensburg, 1932; y posteriormente en *Die Menschheit am Scheideweg*, ed. cit., pp. 158-187.

1. Legalidad propia en el sentido de característica óntica

En primer lugar, por legalidad propia puede entenderse el hecho de que las diferentes regiones del ser estén gobernadas por distintas legalidades correspondientes a sus respectivas particularidades ónticas. La esfera de la vida presenta una legalidad distinta de la de la naturaleza inorgánica; la de la persona espiritual distinta de la de la vida en general, etc. La esfera del derecho posee su propia *ratio*, que es distinta de la del arte, etc. Dentro del ser personal, por ejemplo, encontramos relaciones de motivación; dentro de la naturaleza inorgánica no hay tales relaciones. Por otra parte, no encontramos ninguna ley de la gravedad, por ejemplo, dentro de la esfera del ser psíquico.

Existen muchas regiones del ser dentro del cosmos. Si por un momento nos representamos sin prejuicios lo que llena el mundo en que vivimos, encontramos objetividades de diverso tipo pertenecientes a las más variadas categorías y esferas del ser. Junto a cosas físicas –con sus cualidades, procesos y relaciones entre ellas–, encontramos estados de cosas, hechos y estructuras de clases enteramente propias; encontramos el espacio; encontramos seres vivos (plantas y animales); encontramos seres humanos, personas espirituales que pueden realizar actos plenos de sentido; encontramos valores (la belleza de la naturaleza, la bondad de una acción moral); encontramos creaciones como obras de arte (un cuadro, una pieza musical, un drama como *Fausto*); encontramos comunidades como el Estado, la familia o la nación; encontramos productos como el derecho y las obligaciones o los contratos; encontramos algo tan peculiar como el tiempo; encontramos configuraciones como épocas culturales; encontramos el mundo que se nos ofrece en la percepción interna (tomas de postura, actos, estados de ánimo); y encontramos leyes que son inmanentes a los diversos contenidos. Para todos esos contenidos valen ciertamente leyes del

todo universales (como, por ejemplo, el principio de no contradicción o el principio de razón suficiente); pero a la vez dichos
contenidos también encierran, en su peculiaridad, legalidades más
o menos propias que valen únicamente para ellos y que no pueden transferirse a otros tipos de ser. Cuanto más se trate no sólo
de tipos característicos de ser sino de esferas fundamentalmente
propias, menos legalidades comunes se encontrarán y mayor será
la abundancia de leyes propias. Ahora bien, esa autonomía de los
diferentes campos del ser, y el hecho de que en ellos rijan legalidades características de su peculiaridad, puede entenderse en primer lugar como legalidad propia. Y entonces, hacerse plenamente
cargo de esa legalidad propia es, de hecho, un gran avance en el
conocimiento.

Uno de los errores más funestos con que nos tropezamos en la
historia del conocimiento es la transferencia de legalidades válidas
para una esfera a otras esferas del ser completamente heterogéneas.
Me viene a la memoria el tremendo malentendido de comprender
el ser psíquico y personal por analogía con el mundo de lo físico:
sea concibiendo la conciencia como una caja donde se hallan "re-
presentaciones" y los sentimientos interactuando de modo causal-
mecánico como cosas físicas; sea ignorando el carácter intencional de tomas de postura como alegría, amor, entusiasmo, o de
actos como afirmar, preguntar, mandar, prometer, etc.; sea rein-
terpretando las relaciones de motivación como relaciones causales
o mecánicas; etc. O pensemos en el completo desconocimiento
del mundo de los valores y de su sentido-propio concibiendo esas
cualidades misteriosas e importantes en sí como sentimientos de
placer y pasando completamente por alto su legalidad propia. Esto
llevaría demasiado lejos; pero sólo en algunos ejemplos quisiera
intentar mostrar cómo en la historia del conocimiento la pereza
humana –su fuerte tendencia a arreglárselas con las menos categorías posibles– ha inducido demasiado frecuentemente a descono-

cer enteras esferas del ser y a violentar su peculiaridad ignorando su legalidad propia en su sentido justamente dado.

Igualmente funesta resulta la respectiva aplicación de los mismos métodos de investigación a esferas del ser totalmente distintas. Ya Aristóteles dice en su *Ética a Nicómaco* que cada esfera exige el método adecuado a su peculiaridad. Tan ingenuo es querer practicar una ética o lógica experimentales, como querer construir la química o la historia mediante análisis esenciales aprióricos. Las diferentes esferas del ser y de la vida exigen también, si quieren ser reconocidas adecuadamente, un método apropiado a su peculiaridad óntica. El conocimiento progresivo lleva de por sí a la distinción de nuevas esferas del ser autónomas y subordinadas. Además, hay muchos niveles de "autonomía" y de "legalidad propia".

Junto a la legalidad propia de las esferas del ser categorialmente diversas (como, por ejemplo, el ser personal y el ser físico, o el reino de los valores y el reino de los hechos), hay también una autonomía y legalidad propia mucho más relativa (como, por ejemplo, las reacciones químicas y mecánicas). Pero más relevante que la gradación de la legalidad propia en este sentido, es que no todas las más o menos diversas esferas del ser están desconectadas entre sí, sino que están vinculadas de múltiples modos relacionándose y ordenándose mutuamente. Nunca se le haría completa justicia a la peculiaridad de una esfera del ser mientras no se haya captado su lugar específico en el cosmos, así como las variadas relaciones con otras esferas del ser que además corresponden precisa y necesariamente a su legalidad propia. Enseguida volveremos sobre el hecho de que la autonomía y legalidad propias, en este sentido justificado, nunca pueden significar que una esfera del ser pueda considerarse como si estuviera aislada, sino que más bien su estar-integrada en el cosmos pertenece necesariamente también a su peculiaridad. Y asimismo veremos cómo las diversas esferas del ser se diferencian según qué papel juegue en su peculiaridad esencial la coordinación con otras esferas del ser. Tan importante como el conocimiento de la peculiaridad óntica y la autonomía de una esfera del ser es el conocimiento de la arquitectura del cosmos; y no sólo para la comprensión de este, sino también para comprender las esferas particulares en toda su profundidad.

Igual que asemejar diferentes esferas de ser y transferir legalidades ajenas, como vimos antes, otro error asimismo funesto en el conocimiento del ser es aislar brutalmente una esfera de objetos y considerar las distintas esferas del ser y de la vida como completamente inconexas. Esto es un peligro especialmente actual hoy en día. La excesiva especialización acaba desfigurando las cosas e incomprensiblemente se pasa por alto su esencia más profunda. Como hemos dicho, volveremos con más detalle sobre los límites de la legalidad propia.

2. Significado propio y valor propio

Ahora bien, se puede hablar de legalidad propia también en un sentido completamente distinto, y de hecho se hace con frecuencia sin separar los dos significados de legalidad propia. Si se pone de relieve, por ejemplo, que las cuestiones estéticas no deberían ser juzgadas según las normas éticas, con ello se hace referencia a la legalidad propia de lo estético. Aquí "legalidad propia" significa mucho más que antes. Se piensa entonces, no sólo que la esfera del arte sea "autónoma" y encierre en sí legalidades peculiares, sino que posee un sentido y valor autónomo respecto a la esfera ética. Por legalidad propia se entenderá significado propio y, sobre todo, valor propio.

Si consideramos el reino de lo existente, vemos que hay esferas del ser y de la vida que extraen su valor y significado únicamente de lo que logran para otras esferas valiosas. Así, la esfera de la economía no tiene ningún valor propio, como tampoco la del tráfico o la de la técnica.

El significado y el valor de esas esferas residen en lo que rinden para otra cosa que posee un valor propio. En cambio, las esferas de la cultura, del arte, de la comunidad y del conocimiento tienen un valor propio. No sólo en cuanto que acaso desarrollan valores éticos en la persona, sino que también son valiosos en sí mismos y en su ser glorifican y alaban a Dios. El mundo no es una simple "organización teleológica" en la que cada cosa tenga sólo un significado para algo más elevado hasta llegar a Dios; sino que lo creado y salido de la mano de Dios es también, en muchos lugares, un reflejo autónomo –frente a otras esferas también más altas– del esplendor de Dios. El mundo es un "cosmos" en el que existen también, junto a todas las conexiones teleológicas, esferas de valor propio.

Si con autonomía, independencia o legalidad propia se quiere expresar que hay también un significado autónomo y un valor propio, no todas las concretas esferas de la vida tienen una "legalidad propia", sino sólo algunas.

En este segundo y completamente distinto sentido de "legalidad propia" hay ciertamente una legalidad propia de la esfera estética respecto a la ética, o una legalidad propia del conocimiento; pero no una de la economía, la política o la técnica. Una obra de arte perfecta (como la *Novena Sinfonía* de Beethoven o *El esclavo moribundo* de Miguel Ángel) posee un valor propio. Su existencia es valiosa incluso con independencia del efecto moralmente sublime sobre las personas; es un reflejo del esplendor de Dios en sí; *debe* existir ya por su valor propio. De igual modo, todo verdadero conocimiento (como por ejemplo una ciencia) es algo valioso en sí y no sólo por lo que rinda para la salud, el bienestar o el progreso moral del hombre. Pero ¿qué valor propio puede poseer, por ejemplo, la esfera de la economía? Su significado es totalmente relativo respecto al bienestar de cada individuo y respecto a la esfera de la cultura. Tomada en sí misma no tiene ningún valor propio, por muy bien que funcione. Una economía floreciente es mejor que una estancada o fracasada. Ciertamente; pero ¿por qué? No porque en sí mismo sea valioso que la economía exista en general, sino porque gracias a ella los individuos particulares no padecen necesidad y se crea una base para la realización de valores culturales. Lo mismo sucede con la técnica. Tampoco una máquina igualmente perfecta tiene en sí nada valioso[34]. Su existencia no es ningún bien en sí mismo. Es importante sólo en la medida en que sirve a determinados fines valiosos. Facilita acaso el tráfico (por ejemplo, la locomoción); hace posibles muchas alegrías, el enriquecimiento cultural para muchas personas, etc. A la peculiaridad óntica y la legalidad propia de muchas esferas no les corresponde realmente tener un valor propio y un significado propio en el primer sentido; por tanto, tampoco una legalidad propia en el segundo sentido.

3. El valor propio se halla dentro de la jerarquía de los valores

Si acabamos de caracterizar a grandes rasgos dos significados de "legalidad propia" –que constituyen algo objetivamente bien fundado pero que es necesario distinguir nítidamente– ahora debemos reflexionar sobre los límites de esas dos clases de legalidad propia. Comenzamos, en primer lugar, con el segundo y más estricto sentido de legalidad propia o autonomía. Cuando vimos que muchas esferas del ser y de la vida poseen un significado propio y un valor propio (como el conocimiento, la sociedad o el arte), no

---

34. Aquí no se considera el valor de la máquina como resultado de un proceso espiritual de investigación, pues éste no pertenece al tema propio de la máquina.

podemos olvidar que con ese valor propio están incluidos en una jerarquía objetiva. Que una esfera posea un valor mediante el cual glorifique directamente a Dios no impide que otra cuyo valor propio sea superior no glorifique más a Dios. El hecho de que exista un valor propio no significa que este valor sea incomparable con otros valores. No sólo dentro de un tipo de valor (por ejemplo, de los valores éticos, los estéticos o los vitales) hay diferencias de altura. También cada tipo de valor en conjunto posee una específica altura de valor. Así, los valores éticos como tales son más altos que los valores vitales. La bondad moral de una persona es incomparablemente más importante en sí que una plenitud vital, una salud exuberante, una estirpe noble, etc. Para la determinación de un tipo de valor propio es necesario también conocer su *específica* altura de valor, su puesto en la jerarquía completa. Aunque digamos que la cultura posee un valor propio respecto de la esfera ética, pudiendo hablar de grandes personalidades culturales aunque no tuvieran altura moral, ello no afecta al hecho de que el valor moral es superior al cultural y de que un elevado nivel moral de la persona es más importante que una gran personalidad cultural. En otras palabras: a pesar del valor propio de muchas esferas de la vida, nunca debemos quedarnos definitivamente en la inmanente consideración de ese valor propio, sino que hemos de avanzar hacia el conocimiento de la jerarquía de los valores; y en esto se da una clara limitación de la "autonomía" en este segundo sentido. Pero, como además las esferas del ser –aunque posean un significado propio y un valor propio– no se yuxtaponen ónticamente de modo inconexo sino según vínculos reales variados y en dependencia mutua, no sólo podemos medir una esfera según su valor propio, sino que debemos considerar igualmente su significado indirecto para otras esferas de la vida *axiológicamente relevantes* y, especialmente, *axiológiamente superiores*. Ciertamente, que algo sea una auténtica obra de arte depende sólo de su valor estético.

Pero en la cuestión de si esa obra de arte debe existir o no hay que considerar, sin duda, otros puntos de vista. Si, por ejemplo, dicha obra de arte sólo puede realizarse mediante una injusticia moral, entonces es mejor que no exista, pues el mal moral incluye en general un disvalor mayor que el mal estético.

En la estimación axiológica de ciertas esferas es importante reconocer que hay diversos valores propios, y que el valor propio inmanente ha de ser el criterio primario en la estimación; pero igualmente importante es comprender que la última palabra la tiene el significado de la entera esfera de valor superior y supremo. Esto es válido primeramente desde el punto de vista puramente objetivo, pero luego también para la toma de postura de la persona respecto a las diversas esferas del ser y de la vida. Estamos en un mundo donde las diversas esferas del ser y de la vida se entrelazan de las más diversas maneras. Diariamente nos encontramos con tareas en las que debemos preferir algo valioso a algo distinto menos valioso. Tan necesario como apreciar el valor propio de una esfera es a la vez conocer su rango axiológico en el orden general de los valores. Detrás de todo "*secundum quid*" (en cierto sentido) se encuentra un criterio último unitario, precisamente el de la jerarquía objetiva de los valores. Y la esfera moral no sólo es más elevada que las otras esferas de valor, sino que posee un peculiar puesto preferente: toca el centro del cosmos. No se la puede tratar como una esfera de valor entre otras; ni tampoco basta con que se comprenda su alto rango. Ella pertenece al "*unum necessarium*" (lo único necesario) para la persona. Comprender la "legalidad propia" de la esfera moral exige que se reconozca su peculiar puesto preferente, su centralidad cósmica. No hay ninguna esfera de la vida hacia la que la persona pueda tomar postura sin que de algún modo se toque a la vez la esfera moral. Pues por muy variadas que sean las esferas vitales, la persona es un todo unitario que no se deja disolver en distintas funciones parciales.

4. La esfera religiosa de valor es la más elevada y abarcadora

Sin embargo, si pensamos ahora en la esfera religiosa, resulta que de ningún modo puede situarse como una esfera especial junto a otras como, por ejemplo, la cultura, el derecho, la comunidad, etc. Todo auténtico valor culmina en su relación con Dios, la personificación de todos los valores. Ningún valor propio se comprende en su propia dimensión profunda mientras no se conciba en qué medida alaba y glorifica a Dios o –como también podemos expresarlo– en qué medida es una irradiación de Su absoluto esplendor. Mientras no capte su "anunciar a Dios", no habré comprendido la esencia más profunda del respectivo valor propio. En cada verdadera belleza artística o natural, en cada obra moralmente bueno, en el valor propio de la comunidad y unión de personas, en la sublimidad de lo que es justo, en la solemne dignidad de todo verdadero conocimiento –donde el espíritu refleja una porción de lo existente–: en todo ello se encuentra ese "anunciar" un mundo más elevado, que se cierne sobre nosotros, de la bienaventurada irradiación de la absoluta gloria de Dios. Ciertamente, en el valor no podemos captar la existencia de Dios. Ese anunciar es sólo un indicio, un señalar hacia más allá de los valores. Pero si sabemos de Dios mediante pruebas de Él –y más aún mediante la Revelación–, comprendemos este lenguaje de los "valores" en un sentido completamente nuevo. Por eso es completamente imposible separar de la esfera religiosa ningún valor propio, o sea, ninguna esfera del ser o de la vida con valor propio. La esfera religiosa no sólo es la esfera más alta, sino también la que abarca todo. La cuestión religiosa de qué significa algo ante Dios, o en qué medida glorifica a Dios, es asimismo la cuestión central para toda esfera de valor propio.

Ciertamente, la esfera religiosa en el sentido del puesto del hombre respecto a Dios, y especialmente el vínculo de la gracia sobrenatural, es algo completamente nuevo y propio. Pero ella es para el hombre no sólo la esfera más elevada sino la decisiva e incomparablemente superior a todas las demás, respecto a la cual todo lo demás –también lo de valor propio– está objetivamente en una relación de servicio. Por tanto, el punto de vista de lo religioso no sólo está incomparablemente por encima de cualquier otro, sino que todo lo demás con valor propio está también en una relación de servicio con él; en todas y cada una de las cosas tal punto de vista tiene la última palabra.

5. Los límites de la legalidad propia

Volvamos ahora a los límites de la "legalidad propia" en el más amplio sentido de la palabra. En primer lugar, hay que recordar que la autonomía de las esferas particulares no debe exagerarse de modo que ya no se vean las leyes que valen en general para todo ser. El principio de que todo lo contingente presupone una causa vale para todo tipo de seres contingentes. Es completamente falsa la idea de Bergson según la cual también las leyes lógicas están limitadas a ciertas esferas de seres. Así como las leyes propias han de ser respetadas, también ciertas leyes universales deben captarse y acatarse en su peculiaridad como válidas para todo ser. Además, ya hemos señalado que a la "peculiaridad" de una esfera del ser o de la vida le corresponde necesariamente su específica "clasificación" en el cosmos, y que no comprenderemos una esfera mientras no conozcamos su relación con otras esferas colindantes y con todo el cosmos. Sin embargo, el tipo de clasificación es muy variado también desde el punto de vista formal. Por ejemplo, no podemos comprender la esfera específica de la vida sin considerar a la vez su integración en la esfera de lo material y de las leyes de la materia, aunque la vida tenga sin duda su autonomía y su legalidad propia.

Ciertamente, en primer lugar habrá que captar y entender la *ratio* específica de una esfera autónoma. Primero debe comprenderse lo que específicamente distingue una esfera de otras (por ejemplo, el mundo de los colores en su peculiaridad respecto a la extensión, la forma, etc.). Y si esto se valora debidamente, podrá entenderse en qué relación se encuentra esa esfera respecto a otras y cómo se halla integrada en el cosmos.

Pero en ciertas esferas, a su específica peculiaridad le corresponde además incluir a otras esferas del ser en un nuevo y especial sentido. Así, la persona humana se configura como algo cuyo ser personal peculiar no se comprende mientras no se considere su específica ordenación al mundo de lo racional y valioso: en última instancia, su ordenación a Dios.

Si pasamos por alto el carácter intencional de lo psíquico, no comprenderemos en absoluto la "legalidad propia" del ser personal frente al impersonal. Por eso no puedo conocer a la persona si no sé nada, o si prescindo, del mundo de los valores objetivos y de la plenitud de sentido. Para el ser consciente que irradia desde dentro de la persona, que constituye algo tan completamente nuevo frente a todo ser impersonal (como, por ejemplo, el ser de un árbol); para ese "ser que se posee a sí mismo", que es un ser tan propio y pleno, su estar dirigido a un objeto que está fuera de él es algo profundamente característico. ¿Cómo comprenderé qué es la alegría si ignoro que cada alegría es "alegría por" o "en" algo que se dirige con sentido a un objeto a cuya peculiaridad responde? ¿Cómo reconoceré los tipos fundamentalmente distintos de alegría; cómo distinguiré entre la alegría pura y santa que es la respuesta a algo valioso en sí, y la alegría por el mal ajeno que es la respuesta a algo sólo satisfactorio para mí? ¿Cómo haré justicia a esa profunda diferencia psicológica si prescindo del objeto de la alegría —radicalmente distinto en ambos casos—, si prescindo de aquello a lo que la alegría responde en los dos casos? ¿Cómo comprenderé el amor, el odio, el querer, la convicción, si concibo esas tomas de postura como meras configuraciones fundadas sólo en mí (como, por ejemplo, puros estados) y paso por alto de su peculiaridad más profunda, a saber, ser actitudes intencionales? No puedo comprender las actitudes individuales características de la persona espiritual, ni tampoco su esencia en conjunto, si a la vez las rebajo e ignoro su esencial orientación y ordenación al mundo de los valores y del ser en general; si las trato como algo que (como las configuraciones impersonales) no posee esa capacidad de trascenderse a sí mismas. Y no sólo la efectiva intencionalidad de las vivencias más fundamentales de la persona, sino también hemos de comprender la objetiva ordenación de la persona a lo real y al mundo de los valores: el hecho de que el hombre —como persona espiritual— es capaz de conocer y de participar espiritualmente en algo que no es él mismo; que es capaz de conocer valores y responder a ellos; que está destinado a realizar bienes y poseer él mismo valores; que es capaz de contacto espiritual con otras personas y, desde luego, de comunidad, etc. Una psicología que se crea autónoma, en el sentido de que crea poder prescindir del mundo del sentido y de los valores, pasa por alto lo que convierte al hombre en persona espiritual. Puede establecer leyes psicológicas y peculiaridades psíquicas de carácter periférico, pero la específica "legalidad propia" del ser personal sigue cerrada para ella debido a una legalidad propia mal entendida. Una auténtica psicología que quiera ser también ontología de la persona debe hacer justicia a esa orientación e intencionalidad de la persona; y es consciente de que ésta sólo comprende el ser personal si a la vez tiene en cuenta aquello a lo que la persona está ordenada, con lo que ella está racionalmente relacionada, y mediante lo cual se configura la peculiaridad de sus actos y tomas de postura más profundos: es decir, si también tiene a la vista la situación metafísica del hombre, el lugar cósmico en que se encuentra.

Por eso no puede pensarse que la legalidad propia, rectamente comprendida, signifique siempre que una esfera del ser pueda y deba considerarse de entrada separada de otras. También hay esferas o áreas –a saber, las de mayor y más marcada "autonomía" y "legalidad propia"– que precisamente tienen como peculiaridad el referirse a otras de un modo que *ab ovo* hace necesaria la consideración de lo otro. Naturalmente, la consideración de esa mencionada "legalidad propia" de la persona humana es especialmente importante para dar respuesta a nuestra pregunta: "¿hay una legalidad propia de la pedagogía?".

Pero hay que destacar aquí, muy especialmente, que de esta legalidad propia de esferas del ser y de la vida no puede inferirse nada para la postura adecuada y práctica de la persona hacia esas esferas. Mediante la confusión de los dos tipos de legalidad propia, a menudo se establece la norma de juzgar la economía con criterios económicos y la política con políticos, al igual que se juzga el arte con criterios artísticos. Esto es completamente erróneo. Precisamente la tarea práctica del hombre es aprovechar conscientemente todas las esferas que carecen de significado propio y valor propio para ponerlas al servicio de las esferas a las que, según su sentido en la creación, aquellas *deben* servir. El hombre debe conocer las leyes propias de aquellas esferas, pero no puede *abandonar* éstas a su legalidad propia. Las leyes propias de la economía deben ser tenidas en cuenta, pero sólo en cuanto sirven a un valor más elevado y no inmanente a la esfera económica. En la repercusión inmanente de las leyes económicas el hombre debe intervenir activa y transformadoramente. En cuanto esas esferas se traten como si tuvieran legalidad propia en el segundo sentido –o sea, como si tuvieran valor propio– se hace de ellas un ídolo. Es como si, por ejemplo, en una inundación se afirmara que no se deben detener las fuerzas de la naturaleza en el dinamismo de sus leyes propias. Lo mismo sucede en la política. Desde la perversa obra de Maquiavelo, no cesa ese discurso del significado propio de la política, como si el hombre debiera tratar la "legalidad propia" de esa esfera como algo que haya que dejar que se desarrolle sin trabas.

Ciertamente tenemos que conocer la legalidad propia en sentido amplio que se encuentra en todas las esferas del ser y de la vida, pero debemos usarla y regularla en nuestro quehacer práctico, y no debemos abandonarla a los resultados de su propia dinámica legal. Esto es válido en gran medida para todas las esferas de la vida que ya incluyen una actividad humana (por ejemplo, la economía, la política, etc.). Como católicos tampoco debemos olvidar que en la legalidad propia de estas esferas objetivas, que se edifican sobre la actividad humana, se introduce un envenenamiento a través del pecado original. Éste coloca al hombre ante la expresa tarea de no abandonar esas esferas a su "legalidad propia", sino –más allá de la consciente y recta ordenación y subordinación– "bautizarlas", por decirlo así.

Resumiendo podemos decir: si se habla de legalidad propia, eso puede tener un sentido bueno; aunque entonces la expresión "legalidad" no se elige de manera demasiado feliz. Por eso, sin embargo, debe advertirse claramente si legalidad propia significa –mucho más generalmente– que cada esfera del ser presenta sus relaciones y legalidades peculiares, o si con ello se piensa el efectivo hecho de que sólo algunas esferas del ser y de la vida muestran un significado independiente y un valor propio. Mientras no se distingan ambos sentidos, nos moveremos entre vaguedades y tópicos. Además, como acabamos de ver, siempre hay que tener a la vista las fronteras entre ambas legalidades propias. La afirmación de una legalidad propia en ambos sentidos será falsa mientras no se añada que el mundo es un cosmos orgánicamente estructurado. Por último, hay que ser especialmente cuidadoso respecto a las consecuencias de las dos legalidades propias para nuestra actitud práctica frente al mundo. Precisamente en esta última cuestión la nítida diferencia entre los dos conceptos de legalidad propia se muestra como especialmente importante.

Tras estas orientaciones generales, centrémonos en nuestro verdadero tema: "¿Hay una legalidad propia de la pedagogía?" Para nosotros la cuestión se divide inmediatamente en las siguientes:

1) ¿Es la esfera de la pedagogía en general una esfera autónoma en el ser frente a la psicología, la ética, etc.? Es decir, ¿posee, por tanto, una legalidad propia en el sentido amplio, o sea, que muestre leyes propias peculiares que sean propias sólo de esa esfera y que justificarían una emancipación de una ciencia pedagógica respecto de la psicología y la ética?

2) ¿Es autónoma la esfera de la pedagogía en el sentido de que posea un significado propio y un valor propio (como, por ejemplo, la esfera del arte), o no?

Los partidarios de la legalidad propia de la pedagogía hablan de ello en tres aspectos:

1. Legalidad propia del acontecer pedagógico.
2. Autonomía de la pedagogía como ciencia frente a la ética, la teología, etc.
3. Autonomía de las instituciones pedagógicas (especialmente la escuela) frente al Estado, la Iglesia, etc.

La primera cuestión decisiva aquí es la autonomía de la acción o la relación vital pedagógica –o sea, de la educación–; pues la pregunta por la autonomía de la ciencia pedagógica, así como de sus instituciones, presupone la aclaración de esa primera cuestión. Así pues, fijémonos primeramente en esta esfera de la vida y su legalidad propia según los dos sentidos vistos antes.

6. El anclaje de la pedagogía en la psicología

Sin embargo, antes de entrar en las dos cuestiones mencionadas debemos considerar el objeto de la pedagogía. Éste puede concebirse, en un sentido muy amplio, como todo tipo de influencia consciente y formativa sobre otras personas: es decir, no sólo la formación del niño sino también cualquier dirección y formación consciente de adultos (por ejemplo, en la relación entre maestro y discípulos, entre director espiritual y dirigidos, entre superior religioso y subordinados, entre esposos entre sí –en el sentido de la ayuda mutua, *mutuum adjutorium*–); pero también en el sentido de amistades profundas, en la relación entre la Iglesia y el creyente individual, entre Estado y ciudadanos, etc. O también, en segundo lugar, cabe restringir el objeto de la pedagogía a la formación consciente del niño y de jóvenes, de menores de edad. La pregunta de qué concepción es la más correcta no queremos responderla aquí; más bien queremos considerar nuestro tema según la legalidad propia de la educación para ambas fórmulas, la amplia y la restringida. Comencemos con la concepción más amplia.

En toda formación o influencia consciente sobre otras personas hemos de distinguir tres clases.

Indudablemente, la posible influencia y formación posee una cierta legalidad propia en el sentido amplio de la expresión. Los diversos modos clásicos de influencia (instrucción, ejemplo, autoridad, castigo, recompensa, influjo del ambiente, libros, juegos, amistades, contacto con otros individuos) tienen su función específica en el influjo de la otra persona. La consciente influencia y formación tiene sus leyes propias; éstas todavía no se conocen bien, aunque sí se tiene conocimiento de leyes psicológicas de transformación y desarrollo en la persona como tal. Pero, por otro lado, la cuestión de según qué leyes se realiza la transformación de la personalidad, de cómo tiene lugar el crecimiento de la persona, el desarrollo y aprendizaje espiritual, es una cuestión previa e inseparable de las formas de la posible influencia y formación. La cuestión pedagógica fundamental de, por ejemplo, cómo abro a una persona para la verdadera influencia, o cómo disuelvo su tensa cerrazón, es inseparable de la cuestión de cómo se produce en general una apertura en la persona. Sólo una penetración profunda en la esencia de la persona y en la específica eficacia de tomas de postura y actos ajenos, así como en el mundo de los valores, puede responder también a la pregunta de cómo puede conseguirse decididamente una apertura para la educación. Mientras no sepa lo que es la superación (de qué modo, por ejemplo, se supera una obstinación, un complejo de inferioridad, un resentimiento o una intimidación), nunca entenderé tampoco en qué medida el educador −en el sentido más amplio de la palabra− puede contribuir a esa superación. Una educación que por ejemplo se construyera coherentemente sobre una psicología freudiana, que equiparara superación con catarsis, debería llegar a resultados completamente distintos. Ofrecería entonces leyes propias pedagógicas completamente falsas. Mientras no sepa en qué se basa la ceguera para los valores, tampoco entenderé cómo hacer que la persona los vea. Si la ceguera para los valores morales se considera como una falta de disposición (como para la musicalidad, por ejemplo), sería absurdo el tipo de influencia que sí se exige si la considero como algo modificable, etc. En definitiva, si la cuestión de cómo una persona puede influir en el cambio y desarrollo de otro, de qué puede hacer para ello y de qué manera, incluye un nuevo contenido respecto de la cuestión de cómo se realiza el cambio y el desarrollo; entonces aquella está tan estrechamente ligada a esta cuestión psicológica que nunca puede desprenderse de ella, que incluso no puede concebirse separadamente (de la misma manera que la medicina no puede desprenderse de la patología).

7. Dependencia de la pedagogía respecto de los valores del fin de la educación

Si este anclaje de la pedagogía en la psicología representa ya una esencial restricción de su legalidad propia en el primer sentido, todavía hay que añadir algo más. Las regularidades del cambio y desarrollo en la persona humana –igual que la legalidad propia de la persona en general– no pueden desvincularse de la mirada al mundo del sentido y de los valores. Ya antes hemos visto cómo corresponde a la peculiaridad de la persona espiritual el referirse intencionalmente a objetos conociéndolos, comprendiéndolos y tomando postura; cómo la persona no se puede comprender sin su correlato objetivo; cómo se malentienden y falsean sus vivencias y modos de comportarse si se ignoran su objeto y la motivación racional de esas vivencias mediante objetos y valores. Por eso, en su legalidad propia la educación no depende sólo del modo en que las personas cambian y se desarrollan, sino también indirectamente del mundo de contenidos y valores objetivos a los que la persona está destinada.

Pero, sobre todo, es completamente ilusorio creer que esa influencia, formación, transformación orientada y desarrollo de una persona ajena pueda tener un sentido sin fijar el fin hacia el que deba transformarse, sin indicar la dirección hacia la que el afectado deba desarrollarse. Por mucho que uno dé vueltas y revueltas, o se escude en oscuros conceptos como humanidad, vida superior del hombre, ser humano pleno, etc., un determinado fin educativo es esencialmente imprescindible si el quehacer educativo quiere tener algún sentido. Si alguien quiere transformar a otra persona o influir en ella, debe tener a la vista una dirección, un fin, una imagen de cómo deberá ser el otro. Si falta esto, su voluntad de influir podría no ser más que un completo disfrutar de su necesidad de poder sin ningún interés por el otro, un alegrarse de que el otro sea influido por él: actitud que ni siquiera los partidarios más radicales de la legalidad propia de la pedagogía calificarían como educativa.

Los defensores de la autonomía del quehacer educativo proclaman[35] que la persona por educar debe ser un fin en sí; que no se puede partir de un valor objetivo, pues de lo contrario la persona por educar se convertiría en simple medio para algún bien objetivo. El error que ahí se comete consiste en que se obra como si todo "valor objetivo" fuera algo heterogéneo a la persona. En realidad, la persona por dirigir o educar es precisamente verdadero tema principal si pretendo hacer de ella una persona objetivamente valiosa. Ciertamente, una educación en la que la persona sea simple medio para un fin, para la idoneidad con vistas a un determinado fin práctico extrapersonal (como, por ejemplo, la instrucción y formación del individuo para convertirle en soldado), no puede considerarse auténtica educación. Pero cuanto más en serio se tome a la persona y menos se la considere como simple medio para el logro de un bien extrapersonal, tanto más se apunta a la realización de *valores* personales en ella. El fin de la educación es la realización de todos los valores personales en el educando: vitales, estéticos, intelectuales –en la medida en que puedan desarrollarse sobre las disposiciones específicas–, pero sobre todo valores morales y, en último término, su santificación. Mientras no me proponga realizar esos valores personales objetivos en el educando, no existirá un verdadero interés y un auténtico amor hacia él. No

---

35. Por ejemplo, Georg Geissler en su trabajo *Die Autonomie der Pädagogik*, Langensalza, 1929. Ahí se señalan la humanidad, la totalidad y la individualidad como los tres elementos esenciales de la educación a los que una pedagogía "autónoma" puede corresponder.

nos engañemos, toda educación se fundamenta necesariamente en un ideal de personalidad: sea el hombre "natural" como en Rousseau; o el hombre autónomo, el ideal moral de Kant, que en última instancia se esconde también tras la "*humanidad*" de Geissler. Justamente la peculiaridad de la acción o relación educativa es que presupone necesariamente tal fin; su legalidad propia consiste en ser dependiente, en ser absurda y vacía mientras no se indique tal fin objetivo.

Geissler, además, reclama "totalidad" en la educación. Desde luego, la auténtica educación también debe poseer "*totalidad*", es decir, ha de interesarse por la entera persona, por el despliegue de todos los valores personales; pero en un *orden* prescrito objetivamente por la esencia de la persona y la altura de los diversos tipos de valor. Los valores objetivos de la persona (como salud, formación, profundidad y solidez espirituales, apertura a auténticos valores estéticos y culturales, delicadeza, tacto, energía; pero sobre todo altruismo, bondad, abnegación, pureza, humildad, caridad y –lo más importante– conocimiento de la verdadera fe, fe en Dios y amor a Dios), que el educador debe tener en mente como fin, son más importantes y primarios en la medida en que son valores más altos y también porque son el bien más alto para el educando. Desde la actitud de amor a la persona por educar surge necesariamente que los valores morales sean más esenciales que los intelectuales o incluso vitales, y que la cuestión de la santificación y la salvación del interesado –estrechamente vinculada a lo moral– preceda a todo lo demás y constituya para todos el *unum necessarium* (lo único necesario). No es que a la persona se le imponga como fin algo extraño a su esencia, como desde un mundo de valores heterogéneo a ella; sino que lo que más bien se tiene a la vista, como fin de la educación, son *los* valores cuya realización es el verdadero destino y el sentido último hombre.

8. El valor propio de la persona surge de la entrega a valores

Pero la educación tampoco puede prescindir de la esfera de los valores apersonales. Ya hemos visto cómo la persona, en su más profunda esencia, está ordenada al mundo de los valores objetivos y sólo puede ser comprendida desde esa ordenación. Ahora debemos constatar que sólo en su orientación a los valores objetivos, en la entrega a los más diversos bienes objetivos y valores, puede la persona llegar a poseer valores intelectuales y morales. Únicamente en el captar valores, en el conmoverse por ellos, en la entrega que responde a ellos, la persona se convierte en portadora de valores personales. ¿Qué significará, si no, que debemos dejar decidir a la persona misma a qué valores y bienes objetivos quiere decir que sí? Toda nobleza, toda belleza, todo valor propio de la persona surge en ella de conmoverse por los verdaderos valores y bienes objetivos, de la entrega y respuesta a los verdaderos bienes y valores. Y ¿cómo la persona se hará amorosa si no se le revela el valor de la persona espiritual en la persona ajena, y no se le lleva a afirmar dicho valor en libérrima entrega? ¿Cómo alguien será educado para la pureza si no se le revela el valor y sentido –querido por Dios– de la esfera de lo sensible, así como el disvalor de todo abuso de ella; y si no afirma ese valor y rechaza el respectivo disvalor? ¿Cómo se hará espiritualmente rico y profundo alguien a quien no se le revela el valor del conocimiento, de la belleza y del arte, y no se le alimenta con auténticos bienes culturales? ¿Cómo llegará a ser una persona religiosa alguien que no ha conocido al Dios verdadero y no se entrega a Él? Si la persona pudiera aislarse de todo contacto con los bienes y valores objetivos, perdería todo específico valor de persona; pero esto es imposible. Ella depende decisivamente de si se la expone al sol de los bienes y valores verdaderos o al venenoso canto de sirena de falsos ídolos.

9. Educación para una comunidad

Tampoco la oposición entre educación para una comunidad y educación "autónoma" (en la que la persona es fin en sí) tiene el sentido en que frecuentemente se plantea. Pero es completamente absurdo afirmar que la educación para la Iglesia –o sea, para ser miembro vivo del Cuerpo místico de Cristo (*corpus Christi mysticum*)– es una educación en la que la persona concreta es mero medio. Pues en este caso la persona es un miembro cabal de la santa Iglesia si es santa; o al revés, es santa si su vida interior como miembro del Cuerpo místico de Cristo llega sin trabas a su pleno desarrollo. Lo específico de esta peculiar comunidad es precisamente que el fin y valor propio de la entera comunidad van en perfecta conformidad con la salvación y santificación del individuo. Cuanto más se educa a alguien para la Iglesia, tanto menos se le entiende como un mero medio, tanto más se piensa en la realización del valor último y supremo en él, tanto más se le toma en serio como persona, tanto más se fomenta su más verdadero, profundo y real interés. Educación para la Iglesia y en el sentido de la Iglesia es desarrollo del valor supremo y decisivo en la persona. Por eso la Iglesia –si se me permite este salto, en sí todavía no temático, a otra cuestión– debe tener la última palabra en toda educación si se ha comprendido correctamente el sentido y la peculiaridad de esta. En las demás comunidades, cuyo valor propio no está sin más en conformidad con el último sentido y valor de la persona (como el Estado, la nación, etc.), cabe el peligro de que la educación para el Estado acarree una consideración parcial y unilateral de la persona individual como mero medio. Siempre que nos encontramos con la omnipotencia del Estado (desde Esparta hasta el fascismo), es esto lo que sucede. Pero la educación para la ciudadanía estatal no incluye en sí misma tal perversión del fin educativo. Si se la considera como una pequeña y subordinada parte en el conjunto de la educación, conlleva también el desarrollo de un determinado y necesario valor de persona. Pues el aspecto de la ciudadanía estatal, el ser plenamente responsable y diligente para los deberes, es tanto un valor en la persona como asimismo indispensable para el valor propio del Estado.

10. No hay ninguna forma de educación "neutral"

Vemos que para la educación no puede hablarse de una legalidad propia en el sentido amplio. Más bien es peculiar de esta esfera el estar tan anclada en la esencia de la persona como presupuesto, y en el valor de la persona como fin, que su aislamiento respecto de ambos no es posible en ningún sentido. Pues el tipo de medios y métodos educativos, de influencia y mediación dependen también formalmente de la peculiaridad material del fin y, en la enseñanza, del contenido de la materia. Como lógicamente el tipo de enseñanza debe variar (según se enseñe matemáticas, se comente el *Fausto* de Goethe, o se quiera transmitir un contenido de la Revelación), tampoco hay una forma neutral de educación y apertura que pudiera fundamentar cualquier ideal educativo que nos propongamos. Por ejemplo, si la educación se dirige a lo malo, si por tanto es *seducción* en vez de educación, también sus métodos serán formalmente muy distintos y su influencia será de otra clase. Aun cuando el fin sea pretendido como valor pero sea materialmente un disvalor (por ejemplo, si es el fin del dominador o superhombre), la educación deberá ser también formalmente muy distinta de la educación para ser santo. Así, por ejemplo, la influencia autoritativa será un medio educativo legítimo para el cristiano; en cambio, no lo será para los partidarios de un ídolo placentero y anárquico o del ídolo natural de Rousseau.

No hay ninguna forma de educación completa y neutral que pueda caracterizarse como "autónoma" respecto a la especial clasificación del fin. La pedagogía que quiera basarse en el educando y en sus puntos más altos debe basarse precisamente en la jerarquía objetiva de los valores, la cual desemboca en Dios, prototipo de todos los valores y supremo bien. La verdadera legalidad propia de la pedagogía, su peculiaridad óntica, su sentido, exige esto y apunta inequívocamente al mundo de los valores y a Dios.

Es patente que todo esto no varía esencialmente si se parte del concepto estrecho de pedagogía. Aquí se añade, como nuevo aspecto, la legalidad propia del niño y la especial situación del educador como adulto respecto al niño o al joven. Pero la nueva "legalidad propia" que aquí se añade está igualmente vinculada a la característica intencional del hombre, y nos prohíbe dejar de incluir el mundo del sentido y los valores a los que la persona humana está ordenada. Y con más razón el quehacer educativo en sentido estricto –la educación del niño– exige un fin educativo materialmente valioso. Las nociones de "persona adulta" o "persona independiente" son intentos de enmascaramiento. O son completamente formales y vacías, de modo que entonces *no* pueden cumplir la función de un fin educativo; o son ocultos ideales materiales de la personalidad (como el de la autonomía kantiana, etc.). Si "adulto" no significa otra cosa que un desarrollo del niño que se efectúa por sí mismo –análogamente a los cambios en la pubertad–, entonces no queda ninguna tarea para el educador: éste es superfluo. En cambio, si "adulto" significa liberado de todo tipo de infantilismos, desenvuelto, despierto a la plena continuidad de la vida, moralmente mayor de edad y consciente de su responsabilidad, entonces es ciertamente un fin pedagógico lleno de contenido; pero en este caso son valores personales materiales que ya se encuentran ahí incluidos y que, por parte de la persona, ya implican un contacto y una respuesta afirmativa a valores obje-

tivos materiales. También en la concepción estrecha del objeto de
la pedagogía, la legalidad propia en el primer sentido no es fundamentalmente distinta de la legalidad propia de la concepción
amplia.

11. El valor de una educación depende de su fin

Tenemos, pues, que seguir preguntándonos: ¿posee el quehacer
pedagógico un valor propio y un significado propio, es decir, una
legalidad propia en el segundo sentido? Naturalmente, que la persona llegue en lo posible a poseer muchos valores –y sobre todo los
que constituyen su auténtico y más profundo destino; o sea, que
llegue a ser santa– es algo de significado propio y de valor propio
en el sentido más eminente. Mediante ello Dios no sólo es glorificado inmediatamente –como por todo lo que tiene valor propio–,
sino que es glorificado más que por cualquiera otra cosa. Es esta
la esfera más central entre todas las creadas con valor propio, a la
que "sirven" todas las *otras* esferas del ser (también las que poseen
valor propio). Ciertamente, esta cuestión no puede ser considera-
da en modo alguno como mero medio para otra cosa, pero por
naturaleza está determinada –como toda esfera con valor propio–
por la función de glorificar a Dios, prototipo de todos los valores,
único y absoluto fin en sí mismo. Por tanto, el verdadero fin de la
educación posee valor propio en el sentido más eminente; pero en
este fin está contenida toda la abundancia de valores personales, el
objeto de toda ética y además la santidad, el renacer en Cristo por
la incorporación a su Cuerpo místico. Sin embargo, el *quehacer pedagógico* no tiene valor propio, sino que recibe su valor de aquello
que sirve para ese fin. Un valor propio del quehacer pedagógico,
en el sentido en que se habla del valor propio del arte –que posee
su significado en sí prescindiendo del efecto en la persona–, no

existe. Pues el quehacer pedagógico existe completamente *para* la eficacia en la persona; esto es específico según su legalidad propia en el primer sentido, sin legalidad propia en el segundo sentido. En el Cielo, en la comunidad de los perfectos, ya no hace falta ningún quehacer pedagógico. Sólo se podría hablar con sentido de valor propio del quehacer educativo si se piensa en el valor que surge en el educador a partir de su quehacer educativo: sea el ampliarle las miras, sea el altruismo (liberación del egocentrismo) que ese quehacer provoca en el educador –por así decir, la educación inmanente que retroactuando él experimenta mediante su entrega comprensiva, empática y amorosa–, sea el valor moral que posee el acto educativo mismo. Pero es seguro que los partidarios de la autonomía no han pensado en este valor propio. Además, dicho valor es accidental y no tema de la educación; es un epifenómeno, es decir, sólo aparece cuando no es tema y el educador vive sólo y completamente para la entrega al educando y su valor. Una educación que se ejerciera por la actividad misma del educador como oportunidad para probar sus talentos educadores –caso que por desgracia ocurre con demasiada frecuencia, especialmente en los padres y madres "jóvenes"– sería la peor pedantería, ciertamente sin la "eficacia" saludable para el educador y, con mayor razón, sin el valor moral que el verdadero acto educativo posee.

Respecto de una legalidad propia del quehacer educativo o del objeto de la pedagogía, sólo en un sentido totalmente restringido y condicionado puede hablarse de legalidad propia en el primer sentido; pues es una esfera extraordinariamente inseparable de otras esferas del ser. Pero menos aún puede hablarse de valor propio y legalidad propia en el segundo sentido, es decir, de un significado propio del quehacer pedagógico. En este segundo sentido éste no posee ninguna legalidad propia. Sin embargo, esto no quiere decir que el *fin* de la educación no tenga valor propio, ni que el verdadero fin de la educación no deba ser independiente de intenciones en las que la persona se conciba como medio para algo distinto. En esta última exigencia de los partidarios de la autonomía del quehacer pedagógico hay algo muy justificado; pero sólo mientras partan de un fin educativo con contenido material, a saber, de los valores personales en su jerarquía objetiva. Pero si este es el caso, ellos adoptan también el punto de vista educativo de la Iglesia. Por eso podemos decir directamente: los partidarios de la autonomía se toman real y totalmente en serio a la persona individual sólo en la medida en que adopten el punto de vista de la Iglesia respecto a la educación y sólo en la medida en que pongan el fin educativo de la Iglesia por encima de cualquier otro, o sea, sólo en la medida en que emerjan de consideraciones miopes y se dirijan a aquel interés por la persona que tiene en cuenta la cuestión verdadera y última: sólo en la medida en que comprendan dónde está el punto en el que para cada uno tiene significado el *tua res agitur* (¡esto te concierne!). Además, únicamente escapan al peligro de tratar a la persona como mero medio para cualquier otra cosa (llámese Estado, cultura, ciencia, etc.) si en última instancia dirigen la mirada al fin educativo que la Iglesia tiene a la vista, a saber, la santidad y salvación del individuo. Sólo entonces se garantiza la totalidad y la individualidad para la "humanidad" en el verdadero sentido.

En efecto, sólo puede hablarse de una totalidad de la persona, en primer lugar, cuando se llegue hasta el punto más profundo y auténtico de la persona, cuando se pretenda su valor más elevado y central; y, en segundo lugar, cuando se capte la correcta jerarquía y específica estructura de los valores personales, entendiendo que todo valor de persona y de personalidad culmina en la santidad. En cambio, no se puede hablar de totalidad mientras se trate de valores personales vitales, intelectuales, morales y religiosos como esferas equivalentes y equiparables, sin comprender la jerarquía y estructura de dichos valores, sin captar dónde reside el auténtico destino y sentido último del hombre. Y esto es así porque totalidad significa globalidad orgánica; mientras que una caótica yuxtaposición siempre es una concepción incompleta de la entera persona. Es esencial a la plenitud del ideal de personalidad poder distinguir qué rango ocupan los valores personales individuales y dónde se halla el punto clave –el punto supremo y a la vez más profundo– en la persona. Sólo a partir del valor supremo recibe su lugar correcto cada uno de los demás valores.

12. El fin supremo de la educación es la santidad

Sin embargo, reconocer el valor supremo de la persona humana, entender su sentido último, significa también concebir su finitud; significa comprender que, para la educación, tampoco el valor del hombre puede ser el último punto de vista, sino Dios: la glorificación de Dios a través del hombre. Pero, por paradójico que suene, sólo entonces tomamos en serio al hombre, sólo entonces lo entendemos en su último significado propio sin ninguna degradación instrumental; es decir, cuando no se le convierte en fin absoluto de sí mismo, cuando se le aplica el criterio –como a toda criatura– de si glorifica a Dios y es conforme a la voluntad de Dios.

No nos engañemos: cada bien recibe de nosotros la máxima valoración cuando recibe la valoración *adecuada*, cuando lo vemos en el lugar en el que objetivamente está en el cosmos. Quien reconoce el valor más profundo de la ciencia y la ama más no es el que hace de ella un ídolo y la absolutiza, sino el que la deja en el lugar en el que realmente está en el cosmos. Quien comprende el Estado en su más profundo valor y lo afirma más realmente no es el que lo idolatra, sino el que lo comprende en su carácter de valor limitado. Con mayor razón sucede esto con el hombre mismo. Toda tendencia intelectual que absolutiza al hombre pretende desligarlo de su finitud y ordenación a Dios; toda forma de "Humanidad" termina históricamente por ignorar la persona espiritual y su valor eterno, comenzando con la negación de la inmortalidad del alma hasta llegar a la interpretación del hombre como "primate", a la negación de la voluntad libre y a la concepción materialista de la historia. Y todas estas tendencias conducen necesariamente a ello. Nadie puede amar a los hombres hasta lo más profundo si no ama a Dios más que a los hombres. ¡Qué es el amor del pedagogo Pestalozzi comparado con el del santo Don Bosco o de san Felipe Neri! Y quien ama a los hombres en la profundidad última debe reconocer, como fin supremo de la educación, que el hombre se "pierda" en Dios. "Quien pierda por mí su vida, la encontrará"[36].

Cuando dije que sólo quien tenga a la vista el fin educativo de la Iglesia puede captar al hombre en su totalidad y sin ninguna instrumentalización, eso no significa que la Iglesia nos dé una pedagogía acabada. Los medios y modos educativos –tanto las leyes de transformación y desarrollo en cuanto tales, como los modos de influencia y formación, de asimilación de valores, etc.– debemos elaborarlos científicamente nosotros mismos. Pero el fin último de la educación nos lo enseña la Iglesia; y toda pedagogía debe proceder guiada por ese norte si quiere hacer justicia –material y formalmente– a su tarea y no quiere acabar en el error. También es una gran equivocación pensar que ese fin no valore debidamente la individualidad de la persona. Pues tan cierto es que en las individualidades reside un valor y que toda brutal subyugación de la individualidad es un error pedagógico fundamental, como que sólo desde el sentido último y más profundo de la persona entendemos lo que es su verdadera individualidad. El inmanente ideal de santidad de toda persona consiste en conocer y ayudar a realizar la peculiar idea de Dios que todo hombre representa. ¿Cómo

36. Mt 10, 39.

pretenderemos conocer y entender esto de otro modo que contemplando a la persona *in conspectu Dei* (ante los ojos de Dios)? De lo contrario, permaneceríamos en caracteres fortuitos producidos en parte patológicamente y en parte por malas influencias ambientales o de desafortunados maestros, etc., y consideraríamos eso como la individualidad. Las individualidades más fuertes, en el verdadero sentido de la palabra, son los santos. ¿Hay individualidades más marcadas, personas en las que la particular idea de Dios que ellas representan se haya desplegado en plenitud más peculiarmente y alejada de toda mediocre nivelación, que los santos: como, por ejemplo, san Francisco de Asís, santa Catalina de Siena, santa Teresa o san Felipe Neri?

Pero el despliegue de la verdadera individualidad también presupone que lo que se tenga a la vista primariamente no sea *ella*, sino el fin objetivamente valioso: la santidad. Ese despliegue es esencialmente marco, armazón; no tema principal. Si no, en vez de verdaderas individualidades se educan tipos raros.

Lo que vale para la legalidad propia del quehacer pedagógico vale también, conforme a su naturaleza, para la pedagogía y las instituciones u organizaciones pedagógicas. Exponer esto detalladamente nos llevaría aquí demasiado lejos. Pero en la consideración de todo el problema hemos visto repetidamente que para todo quehacer pedagógico, como para toda tarea y actividad humana, son válidas las palabras del Señor: "Buscad primero el Reino de Dios y su justicia, y todo lo demás se os dará por añadidura"[37].

37. Mt 6, 33.